REISEFÜHRER FÜR DEN NATURPARK

# CABO DE GATA NÍJAR



**NATURPARK, BIOSPHÄRENRESERVAT DER UNESCO**

**© Triangle Postals SL**
Sant Lluís, Menorca
Tel. +34 971 15 04 51
www.trianglepostals.com

**Text**
Marga Morales
**© Fotografien**
Jaume Serrat: S. 2; 11; 15(1); 16; 18; 19(1-2); 20; 21; 22(1-2); 23; 25(2); 26(1-2); 30; 31; 34(1); 36(1); 37; 38(1-2); 39; 40(1); 40-41; 44(1); 47; 48; 51(1-2); 53(1); 55(1-2); 61(2); 72(2); 73; 75; 79(1); 91; 109.
Ricard Pla: 32-33; 43(1-2); 44-45; 49; 53(2); 72(1); 74(1-2); 77(1); 80-81; 102.
Lucas Vallecillos: portal; 4-5; 6-7; 33(1); 59(1-2); 61(1); 65(1-2); 66; 69(1-2); 79(2); 104; 107; 126(1-2).
Dessert Photo: 82; 85; 86; 87; 111.
Paco Vilalta: 36(2); 70-71; 77(2); 78; 98; 100.
Salvador Benet: 34(2); 35; 42; 52; 56.
Miguel Raurich: 14-15; 17(2); 62.
Marga Morales: 17(1); 103.
Francisco Hofer: 25(1).
Manel Pérez: 8.
**Grafikdesign**
Joan Colomer
**Layout**
Vador Minobis
**Übersetzung**
Susanne Engler
**© Illustrationen**
Nausica Martínez
**© Karthografie**
Triangle Postals
**Fototechnik**
Molagraf
**Druck**
Grafos, arte sobre papel

Hinterlegung der Pflichtexemplare: B-35949-07
ISBN: 978-84-8478-301-5

# INHALT

Los Escullos; im Hintergrund die Anhöhe Cerro del Fraile sowie das Schloss San Felipe

Cortijo del Fraile

Leuchtturm von Cabo de Gata

# NATURPARK CABO DE GATA -NÍJAR

Zum Mittelmeer hin offen und mit dem Rücken zur Iberischen Halbinsel liegt eine noch unbekannte Landschaft voller verborgener Winkel und verlassener Orte, die von einer einfachen Lebensweise geprägt ist.

Der Naturpark **Cabo de Gata-Níjar**, seit 1987 sowohl Wasserschutz- als auch Landschaftsschutzgebiet, hat seine ernste Schönheit bis in unsere Zeit erhalten. Im Jahr 1997 wurde der Park von der UNESCO zum **Biosphärenreservat** erklärt. In diesem Reiseführer stellen wir die Region und ihre Menschen vor, die wir sehr schätzen und achten.

Die durch Vulkantätigkeit entstandene Landschaft mit ihrem extrem trockenen Klima, ihrer ausgeprägten Flora und Vegetation, ihrer vielfältigen Fauna und den ausgefallenen Geländeformen der Küste ist ein ganz besonderer Ort, dessen Anziehungskraft durch die menschliche Wärme seiner Bewohner, ihre Traditionen und Sitten, Kunsthandwerk und Gastronomie noch stärker wird.

In der Vergangenheit war dieser Küstenstrich aufgrund seines Reichtums an Mineralien für verschiedene Völker im Mittelmeergebiet schon ein beliebtes Ziel; in den Häfen der Region legten die Handelsexpeditionen aus dem Orient an. Doch aufgrund der wüstenartigen Umgebung, der Abgelegenheit und der Tatsache, dass die Verkehrsverbindungen auf dem Landweg bisher noch wenig ausgebaut sind, blieb dieser Küstenstrich lange Zeit unberührt. Dem Besucher öffnet sich eine von der Sonne ausgedörrte und vom Wind gepeitschte Landschaft, die durch ihre Wechselhaftigkeit Träume heraufbeschwört, und den Gedanken an harte Arbeit und den Kampf ums Überleben.

Um den Naturpark wirklich genießen zu können, empfehlen wir, das Angebot an Ausflügen wahrzunehmen, sei es im Auto, per Fahrrad oder zu Fuß. Wir gehen in diesem Reiseführer auf alle Gebiete des Naturparks ein, dazu gehört sowohl das durch vulkanische Hügel geprägte Landesinnere mit seinen ausgetrockneten Flussbetten (*Ramblas*), die nur selten Wasser führen, seiner Vegetation, den Dörfern und ihrer Architektur, als auch die Küste, voller Buchten und Strände, viele davon noch vom Tourismus unberührt und voneinander durch enorme, vulkanische Steilwände oder seltsame Felsenriffe getrennt. Und nicht zuletzt die Feuchtgebiete und Salinen, die ökologisch so wichtig sind, dort finden wir Kolonien von Wandervögeln, und unter ihnen die farbenfrohen Flamingos.

Auf den letzten Seiten finden Sie eine Kurzbeschreibung der verschiedenen Freizeitaktivitäten, des Kunsthandwerks, der Feste und Folklore, Gastronomie und Restaurants, Unterkunftsmöglichkeiten, Museen und Märkte. Wer diese Region kennenlernt, beginnt, sie zu lieben, zu respektieren und seinen kleinen Beitrag dazu zu leisten, dass ihr bis heute erhaltener, kultureller und landschaftlicher Reichtum auch in der Zukunft nicht verloren geht. Denn dieser Reichtum ist es, der uns diese friedliche Umgebung so sehr genießen läßt.

**Cortijo de los Genoveses**

1
2
3
4
5
6
7
8
9
10
11
12
13
14
15
16

# DÖRFER UND WEILER

1. NÍJAR
2. SAN MIGUEL DE CABO DE GATA
3. ALMADRABA DE MONTELEVA
4. LA FABRIQUILLA
5. SAN JOSÉ
6. EL POZO DE LOS FRAILES
7. LOS ESCULLOS
8. LAS PRESILLAS BAJAS
9. LA ISLETA DEL MORO
10. RODALQUILAR
11. LAS NEGRAS
12. LAS HORTICHUELAS
13. LOS ALBARICOQUES
14. FERNÁN PÉREZ
15. AGUA AMARGA
16. EL ARGAMASÓN, LA CUEVA DEL PÁJARO UND EL SALTADOR

# NÍJAR 1

Das Gemeindegebiet dieses Ortes umfasst den größten Teil des Parks, wenn auch das Dorf Níjar selbst nicht unter Naturschutz steht. Es liegt sehr reizvoll am Südhang der **Sierra Alhamilla**, deren Wasser die zahlreichen Quellen des Ortes speist und ihn das ganze Jahr über üppig und frisch wirken lässt.

Níjar ist ein traditionelles Dorf, das fast archaisch wirkt. Viele Zivilisationen und Kulturen waren schon hier und haben ihr Zeugnis hinterlassen. Beispiele dafür sind das komplexe System der Erdterrassen, die Kanalisation und Wassernutzung, die offensichtlich maurischen Ursprungs sind. Ein Großteil der volkstümlichen Architektur hat sich bis heute erhalten, dazu gehört das Viertel **Barrio de las Eras** und der obere Teil des Dorfes, in dem die sich verengenden Gassen den Besucher freundlich aufnehmen. Der Besuch der Plätze, der Glorieta und der **Kirche im Mudejarstil**, von deren Aussichtsterrasse wir das Meer betrachten können, ist der Mühe wert.

Das Kunsthandwerk in Níjar blickt auf eine lange und tief verwurzelte Tradition zurück. Viele Familien stellen schon seit Generationen Tonwaren und Webarbeiten nach überlieferten Techniken her.

Eine Straße in Níjar mit dem Glockenturm im Hintergrund

Blick auf den Ort Níjar

## SAN MIGUEL DE CABO DE GATA 2

Dieser Ort gehört zum Stadtbezirk von Almería. Ein großer Teil der Dorfbewohner widmet sich noch der traditionellen Fischerei, was aus dieser Gemeinde einen idealen Ort macht, um viele verschiedene Sorten frischen Fisch zu probieren. In den frühen Morgenstunden, kurz nach dem Einlaufen der Schiffe, arbeiten die Fischerfamilien im Hafen, ein sehenswertes Schauspiel.

Vom Paseo Marítimo, der Meerpromenade aus kann der Besucher das ganze Jahr über wundervolle Sonnenuntergänge betrachten oder in einem der Restaurants oder Gaststätten ein gutes Essen genießen.

## ALMADRABA DE MONTELEVA 3

Ein kleines Fischerdorf und Salzabbaugebiet. Die Architektur des Ortes ist einfach und passt sich sehr schön der Landschaft an, unter Ausnahme der neueren Gebäude.

Die Kirche mit ihrem schlanken Turm, ein Wachturm aus vergangenen Zeiten, verleiht dem Dorf ein ganz besonderes Flair.

Nur noch wenige Gemeinden betreiben den Salzabbau weiter, hier wird uns also bewiesen, dass man die Erhaltung der Tradition mit dem Fortschritt vereinbaren kann.

## LA FABRIQUILLA 4

Am Fuße des **Cerro de San Miguel**. Dieses kleine Dorf, das vor den Winden des Levante sehr gut geschützt ist, war der Sitz einer alten Elektrizitätsfabrik. Es hat seinen Charakter nicht verloren und ist so ein idealer Ort für einen Spaziergang oder für ein Bad an einem warmen Frühlingsnachmittag.

**Salinen im Cabo de Gata**

Torre de San Miguel am Strand von Cabo de Gata

Die Kirche Almadraba spiegelt sich in den Salinen

# SAN JOSÉ 5

Dieser Ort ist das touristische Zentrum des Parks. Er entstand aus einer Fischergemeinde, die sich in der Bucht von San José, zwischen dem **Cerro Enmedio** und dem **Cerro de Cala Higuera** befand. In diesem Viertel gibt es noch Reste der Wohnstätten der „Höhlenbewohner".

In San José findet der Besucher zahlreiche Unterkunftsmöglichkeiten, Campingplätze, Apartments, Hotels, Herbergen und andere touristische Einrichtungen wie Restaurants, Supermärkte, alle Arten von Geschäften, einen kleinen Sporthafen und ein Touristeninformationsbüro, das umfassend über den Naturpark informiert. Ein Besuch dieses Ortes nach den lebhaften Sommermonaten stellt einen sinnlichen Genuss dar.

Von San José aus kann der Besucher die Strände **Los Genoveses** und **El Mónsul** erreichen.

**Las Amoladeras, im Hintergrund die Sierra von Cabo de Gata**

## EL POZO DE LOS FRAILES 6

Nur noch ein Teil des Ortes hat seine Ursprünglichkeit bewahrt, dennoch hat das Dorf weiterhin sein arabisches Flair erhalten. Wir empfehlen einen Spaziergang durch die steilen Gassen zwischen den mit Kalk geweißten Häusern, eine Umgebung, in der wir die ländliche Vergangenheit überall spüren, bis zu dem interessanten, katholischen Friedhof.

Das Schöpfrad bestimmte das Leben der Dörfler, hier verabredeten sich die Menschen zur Verrichtung der verschiedenen, alltäglichen Arbeiten. Die Bewohner des Dorfes haben sich an die Gegenwart angepasst und bieten dem Besucher so die grundlegenden Dienstleistungen an.

Dorf und Hafen San José, im Hintergrund die Landzunge Cala Higuera

El Pozo de los Frailes

## LOS ESCULLOS 7

Der Name des Ortes, Los Escullos, die Klippen, spricht für sich selbst. Beeindruckende Klippen, die eigentlich nichts weiter als mit der Zeit versteinerte Dünen sind, machen diese Landschaft so einzigartig. In diesem idyllischen Ort an der Küste Nijars leben nur noch wenige Menschen, deren Haupteinnahmequelle der Tourismus ist. Über den Steilklippen erinnert die Wehrburg **Castillo-Bateria San Felipe** an eine ferne Vergangenheit. Sie wurde um das Jahr 1800 zur Verteidigung der Küste erbaut. Der Strand **Playa del Arco** und die Bergkette **Cerros de los Frailes**, die höchste des Parks (493 m), verleihen dem Ort noch zusätzliche Schönheit.

## LAS PRESILLAS BAJAS 8

Dieses kleine Dorf, das wie viele andere Mitte dieses Jahrhunderts verlassen wurde, ist zu einem großen Teil restauriert und wieder bewohnbar. Die den Ort umgebenden Anhöhen, die fast bis zum Gipfel terrassenförmig angelegt sind, um das Gelände besser ausnutzen zu können, sind von ganz besonderer Schönheit. Hier vermischen sich autochthone Zwergpalmen mit Feigenkakteen, die später angepflanzt wurden. Für diejenigen, die gerne wandern, ist der **Krater Majada Redonda** ein sehr schönes Ziel (wir weisen darauf hin, dass das Gebiet unter Naturschutz steht). In diesem kleinen Dorf gibt es eine Gaststätte, die hausgemachte, regionale Kost anbietet.

**Sonnenaufgang in Los Escullos, La Isleta und die Umrisse des Cerro de los Lobos**

Presillas Bajas und Ausläufer der Bergterrasse von Majada Redonda

Palmenhain vor der Isleta. Im Hintergrund die Inselgruppe „Las Ballenas"

Bergarbeiterdorf in Rodalquilar

## 9 LA ISLETA DEL MORO (DIE KLEINE INSEL DES MAUREN)

Ein natürlicher Ankerplatz. In diesem Hafen legten schon Araber und Piraten auf der Suche nach Schätzen an. Der Legende nach war der Berberherrscher Mohamed Arráez hier, so kam der Ort zu seinem Namen.

Auf den weißen Straßen und auf dem eigenartigen Platz mit der öffentlichen Waschstelle, die von dem naheliegenden Brunnen gespeist wird, liegen Boote, Netze und anderes Fischereigerät in der Sonne.

Die Dörfler lebten immer schon vom Fischfang und von der Landwirtschaft. Heute kommt noch der Tourismus hinzu, von dem sich schon mehrere Familien ernähren. Es ist ein angenehmer und ruhiger Ort, an dem der Besucher frischen Fisch essen und die Nacht verbringen kann.

**Wenn man der Isleta den Rücken zuwendet, sieht man den Cerro de los Frailes**

## 10 RODALQUILAR

Dieses Dorf liegt in einem malerischen Tal in der Nähe der Anhöhe **Cerro del Cinto**. Die Ausbeutung der Goldminen begann in der Epoche der Römer und endete so um das Jahr 1960. Das gesamte ehemalige Bergmannsdorf wird nun renoviert, um dort später für den Naturpark bestimmte Einrichtungen unterzubringen.

Rodalquilar ist ein ruhiger und friedlicher Ort, in dem nur wenige Menschen ständig leben. Es ist ein Durchgangsort, den der Besucher durchschreitet, bevor er zu der interessanten *Rambla*, der Promenade, gelangt, die am **Playazo** endet. Auf diesem Weg liegen zahlreiche, gemütliche Gaststätten, die eine grosse Auswahl an *Tapas*, den berühmten kleinen Köstlichkeiten bieten, und in denen der Gast eine freundliche Aufnahme findet.

## LAS NEGRAS (11)

Ein bunt gemischtes Dorf, in dem die Fremden und Einheimischen harmonisch zusammenleben. Es hat sein traditionelles Flair eines Fischer- und gleichzeitig Bauerndorfes bewahrt. Die Bewohner gießen ihre kleinen Gemüsegärten mit dem Wasser, das aus den Abflüssen der *Rambla* de Las Aguïllas stammt, und das in Wasserbecken am Meer schließlich aufgefangen wird. Im ganzen Ort von Las Negras können wir in Sommernächten den Gesang der Frösche hören.

Besonders auffallend ist die Anhöhe **Cerro Negro**, der schwarze Berg, dem dieser Ort seinen Namen verdankt. Las Negras ist ein idealer Ort zum Entspannen, und um sich in einer andersartigen Umgebung einfach nur treiben zu lassen.

## LAS HORTICHUELAS (12)

Ein kleines Dorf, das aus drei Vierteln besteht, Hortichuelas Altas, Bajas und El Estanco.

Viele der Einwohner bebauen kleine Gärten und Felder in der Umgebung. Oliven-, Mandel-, Feigen- und andere Obstbäume und die kleinen Gemüsegärten verleihen diesem Ort ein ganz besonders frisches und grünes Aussehen.

Ehemals wurde das Dorf von längst vergangenen Kulturen besiedelt. Es genügt, einfach durch die Strassen zu bummeln, die im Laufe der Zeit ohne planerischen Eingriff entstanden, um schöne Beispiele volkstümlicher Architektur zu entdecken.

## LOS ALBARICOQUES (13)

Nachdem wir La Serrata durchquert haben, kommen wir in diesen kleinen Ort, in dem die Bewohner noch den traditionellen Beschäftigungen nachgehen, der Viehzucht, dem Anbau von Früchten (Kaktusfeigen, Feigen…), und in dem es noch keine touristische Infrastruktur gibt.

Von hier aus durchqueren wir die wundervolle Ebene Llano de Doña Francisca und gelangen zu dem Hof **El Fraile**, der in einer einzigartigen Umgebung liegt.

**Die Schlucht Barranco de Las Negras mit dem Dorf im Hintergrund**
**Las Hortichuelas**

**Arabisch inspirierte Olivenfässer in der Nähe von Fernán Pérez**

**Agua Amarga und die Buchten Enmedio und del Plomo**

## 14 FERNÁN PÉREZ

Der Name des Ortes ist auf einen der Siedler zurückzuführen, der nach der Rekonquista diesen Landstrich besiedelte. Die mit Kalk getünchten Häuser sind harmonisch angeordnet. Auch ein Besuch der Umgebung lohnt sich, wir finden Mühlen, Schöpfräder, Zisternen und ein Aquädukt, das von den Römern erbaut wurde.

Der Ort ist von bemerkenswerten Landgütern umgeben, welche die Elemente der arabisch-andalusischen Architektur sehr schön bewahrt haben, diese heißen Higo Seco, Los Majanos und La Tórtola.

## 15 AGUA AMARGA (BITTERES WASSER)

Der Namen leitet sich von dem arabischen Wort *Al-hawan* ab, der einfach nur Ort mit Wasser bedeutet. Es ist eines der Dörfer mit der höchsten Einwohnerzahl im Bezirk Níjar.

Dieses Dorf hat die Atmosphäre eines Fischerdorfes noch bewahrt, ist aber auch ein wichtiges Touristenzentrum an der Küste. Agua Amarga ist ein gemütlicher Ort, dessen Einwohner die Ruhe lieben und sich der Pflege ihrer Gärten und Gemüsebeete widmen. Diese Gärten verleihen dem Dorf Fröhlichkeit und Frische. Der Besucher findet eine ideale Umgebung, um ein paar Tage auszuspannen. Die Sonnenuntergänge am Strand von Agua Amarga sind ein wundervolles Naturschauspiel.

## 16 EL ARGAMASÓN, LA CUEVA DEL PÁJARO UND EL SALTADOR

Diese drei kleinen Gemeinden gehören zum Bezirk **Carboneras**. Sie liegen zwischen großen, meist trockenen Flussbetten und Bergen, so als ob sie sich voreinander verbergen wollten. Die Häuser wurden ohne jegliche Planung erbaut. Die Umgebung dieser Dörfer ist sehr anziehend, wir finden winzige Oasen der Frische, in denen sich die Farbe Ocker mit dem Grün der Vegetation abwechselt.

1
2
3
4
5
6
7
8
9
10
11
12
13
14
15
16
17
18
19
20
21
22
23

# STRÄNDE UND BUCHTEN

1. PLAYA DE TORRE GARCÍA-LAS AMOLADERAS
2. PLAYAS DE CABO DE GATA, ALMADRABA UND LA FABRIQUILLA
3. PLAYA DEL CORRALETE
4. CALA RAJA (EL DEDO, DER FINGER)
5. CALA CARBÓN
6. PLAYA DE LA MEDIA LUNA
7. PLAYA DE MÓNSUL
8. CALAS DEL BARRONAL
9. ENSENADA DE LOS GENOVESES
10. PLAYA DE SAN JOSÉ
11. CALA HIGUERA
12. PLAYA DEL ARCO
13. PLAYA DEL PEÑÓN BLANCO
14. CALA DE LOS TOROS
15. EL PLAYAZO
16. CALA EL CUERVO
17. LAS NEGRAS
18. CALA SAN PEDRO
19. CALA DEL PLOMO
20. CALA DE ENMEDIO
21. PLAYA DE AGUA AMARGA
22. PLAYA DE LOS MUERTOS
23. PLAYA DEL ALGARROBICO

## 1 PLAYA DE TORRE GARCÍA-LAS AMOLADERAS

Um zu diesen Stränden zu gelangen, müssen wir eine Zone voller Dünen im Anfangsstadium durchqueren, die von Pflanzen bedeckt sind, welche mit wenig Wasser auskommen. Sie bestehen aus feinem Sand und Kies. In Torre Garcia befindet sich eine Einsiedelei mit dem gleichen Namen, ganz in der Nähe der römischen Niederlassung, in der gepökelt wurde, und auch nahe am Wachturm, der sich über diese so einzigartige Landschaft erhebt.

## 2 PLAYAS DE CABO DE GATA, ALMADRABA UND LA FABRIQUILLA

Diese Strände sind die größten des Naturparks. Der grobe und helle Sand ist sehr sauber, und das Wasser transparent. Diese Strände enden in La Fabriquilla unter den Bergen **La Testa** und **San Miguel**, und liegen so gut vor den Winden des Levante geschützt. Die Sonnenuntergänge sind von magischer Schönheit und es gibt viele interessante Gaststätten, um köstliche Tapas zu essen oder auch ein ganzes Menü.

**Strand del Corralete am Fusse des Leuchtturms Cabo de Gata**

## 3 PLAYA DEL CORRALETE

Dieser kleine und gemütliche Strand befindet sich unter der Klippe, von der sich der **Leuchtturm des Cabo de Gata** erhebt, und sein weißer Sand wird von den ockerfarbenen Felsen kontrastiert, die ihn umgeben.

**Strand Cabo de Gata**

## CALA RAJA (EL DEDO, DER FINGER) 4

Auf dem Zufahrtsweg nach Vela Blanca gibt es einen kleinen Parkplatz, von dem aus man zu diesem Strand hinunter klettern kann. Dieser Strand liegt sehr geschützt und besteht aus feinem Sand und einigen Felsblöcken. Es gibt ein Riff mit der merkwürdigen Form eines Fingers, der so aus dem Wasser herausragt, als ob er uns etwas zeigen wollte.

## CALA CARBÓN (KOHLENBUCHT) 5

Vielleicht ist der Name des Ortes auf die dunkle Farbe seiner Klippen zurückzuführen, die in einem starken Kontrast zu dem feinen, weißen Sand stehen.

Im Westen befindet sich eine weitere kleine Bucht, die hauptsächlich aus kegelförmigen Felsen und grobem Sand besteht, und an Tagen mit starkem Ostwind, dem Levante, einen ausgezeichneten Schutz bietet. Das Meer ist nicht sehr tief und der Meeresgrund von ausgeprägter Schönheit.

Cala Carbón

Felsbank Dedo in der Bucht Cala Raja

## 6 PLAYA DE LA MEDIA LUNA (STRAND DES HALBMONDS)

Er liegt ganz in der Nähe des Strandes Mónsul und ähnelt ihm sehr. Der Sand ist fein und es gibt vulkanische Felsen mit den seltsamsten Formen, die durch die Erosion des Meeres und die Kraft des Windes entstanden sind.

## 7 PLAYA DEL MÓNSUL

Das ist der bekannteste Strand des Naturparks. Der Sand ist sehr fein und das Wasser nicht sehr tief. Auf der linken Seite befindet sich ein vulkanischer Deich, der vom Wasser umspielt wird und **La Peineta**, der Aufsteckkamm, genannt wird. Bemerkenswert sind die vulkanischen Bergengen auf der rechten Seite, die merkwürdig fünfeckige Formen haben. Ebenso außergewöhnlich ist die grosse, terrassenartige Düne, die von den Westwinden des Poniente genährt wird.

An diesem Strand und an anderen Orten des Parks wurden schon zahlreiche Filme gedreht.

**Der Strand de la Media Luna**

**Merkwürdige, vulkanische Felsen am Strand El Mónsul**

## 8 CALAS DEL BARRONAL

Dieses Paradies besteht aus mehreren Stränden, an denen man auch nackt baden kann. Sie liegen zwischen der Ensenada de Los Genoveses und dem Strand El Mónsul, und sind nur zu Fuß erreichbar. Es gibt keine markierten Wege, sondern einfach nur die von den Besuchern ausgetretenen Pfade. Die wundervollen Strände befinden sich zwischen Anhöhen mit Basaltsäulen, die so aussehen, als ob sie gerade entstanden seien. Die Dünen werden von enormen Agaven und anderem Buschwerk gehalten, die einen Lebensraum für zahlreiche Tierarten bieten.

**Strand El Mónsul und die Landzunge Punta de la Peineta im Vordergrund**

Die Bucht de los Genoveses

Morrón de los Genoveses

## 9 ENSENADA DE LOS GENOVESES

Diese Bucht verdankt ihren Namen einer historischen Landung im Jahre 1147. Die Zufahrt erfolgt über eine nicht asphaltierte Strasse, die in **San José** beginnt. Die von reicher Vegetation und Getreidefeldern umgebene Bucht ist eine der schönsten Landschaften, die der Besucher im Frühjahr in diesem Park bewundern kann. Der Sand ist sehr fein und das Wasser nicht sehr tief. Der Strand ist von schattigen Zonen und einer wunderschönen, mit Strandhafer bewachsenen Dünenlandschaft umgeben. Der Hügel, der die Bucht begrenzt, ist eine Düne aus Oolithen, die von der Erosion des Windes geformt wurden und wie versteinert aussehen.

## 10 PLAYA DE SAN JOSÉ

In dieser schönen Bucht mit feinem Sand, die den Namen des anliegenden Dorfes trägt, finden wir kleinere Einschnitte mit interessanten Riffen, die leicht vom höher gelegenen Teil des Dorfes aus zu erreichen sind wie zum Beispiel **La Calilla**, eine liebenswürdige, kleine Bucht mit sehr feinem Sand. Am Strand von San José gibt es Duschen, Liegestühle und Sonnenschirme.

**Playa de San José**

Strand del Arco

Strand del Peñón Blanco

## 11 CALA HIGUERA

Die Zufahrt erfolgt über eine nicht asphaltierte Straße, die in San José beginnt. Dort gibt es einen sehr kleinen Sandstrand mit wunderschönen Winkeln und einer Höhle an Land, die als die Cueva del Tabaco (Höhle des Tabaks) bezeichnet wird. Man sagt, dass dort einst die Tabakschmuggler übernachteten. Über dieser Bucht erhebt sich ein Wachturm mit dem gleichen Namen.

## 12 PLAYA DEL ARCO

In der Nähe von Los Escullos. Der recht breite Strand besteht aus feinen Steinchen. Für begeisterte Fotografen bieten sich hier wundervolle Motive, vor allem bei Sonnenaufgang.

Von dort aus kann man einen angenehmen Spaziergang zur **Isleta del Moro** machen.

## 13 PLAYA DEL PEÑÓN BLANCO

Das ist der große Strand der Isleta, der seinen Namen einer ungewöhnlichen Klippe verdankt. Feiner Sand vermischt sich mit grobem Sand. Sie können dort im Schatten einer kleinen Oase in Strandnähe ausruhen.

## 14 CALA DE LOS TOROS

Eine kleine, wunderschöne Bucht, in der besonders die dunkle Farbe des groben Sandes auffällt. Dort finden wir auch an den heißesten Tagen des Jahres eine immer grüne und kühle Oase. Der Zugang erfolgt zu Fuß, das Auto kann auf einem kleinen Parkplatz an der Straße von La Isleta nach Rodalquilar abgestellt werden.

**Cala de los Toros**

Burg San Ramón

Vom Playazo aus sehen wir die merkwürdige Silhouette der Mesa de Roldán

## 15 EL PLAYAZO (DER RIESENSTRAND)

Der Name läßt schon seine Größe und Herrlichkeit erahnen. Es ist einer der schönsten Strände des Parks, und die Umgebung, die teilweise von Palmen bewachsen ist, lässt ihn fast afrikanisch wirken. Das Meer hat kleine, natürliche Becken in die Felsen gegraben, die zu einem Bad einladen. Der Strand besteht aus feinem Sand und stellenweise aus sehr kleinen Kieselsteinen. Der Zugang erfolgt über eine *Rambla* mit dem gleichen Namen, die sich in der Nähe von **Rodalquilar** und der **Castillo de la Batería** (Wehrburg) befindet, ein interessanter Bau mit einem quadratischen Grundriss und einem Hauptturm. Auf der linken Seite liegt eine andere Burg, die Burg San Ramón, in Privatbesitz und mit einem ähnlichen Grundriss wie Los Escullos.

## CALA EL CUERVO (KRÄHENBUCHT) 16

Am Ende der *Rambla* mit dem gleichen Namen finden wir eine geschützte Bucht mit Misch- und Kiessand, etwa dreihundert Meter lang. Von **Las Negras** aus ist dieser Strand leicht über eine asphaltierte Strasse zu erreichen, die an wunderschönen Steilklippen entlang führt, von denen aus wir das wundervolle Panorama dieses Teils der Küste genießen können.

## LAS NEGRAS 17

Obwohl wir das Dorf Las Negras schon beschrieben haben, wiederholen wir diesen Namen, denn es gibt hier auch einen wunderschönen Strand, an dem kleine Boote ankern und der von schwarzen Felsen umgeben ist, die in einem überraschenden Kontrast zu dem feinen, goldenen Sand stehen. Der Ortsname ist auf die Schwärze der Anhöhen zurückzuführen, die den Ort begrenzen.

## CALA SAN PEDRO 18

Es gibt zwei Möglichkeiten, diese schöne Bucht zu erreichen, jedoch immer zu Fuß. Wir können den sich abflachenden Weg benutzen, der zwischen dem Meer und der Steilküste verläuft, oder wir können durch die *Rambla* bis zum **Cortijo de Ricardillo** laufen (Siehe Karte 4, S. 120-121). Wir können auch einen Fischer suchen, der uns im Boot bis zu der Bucht bringt. Es ist der einzige Strand im Park, an dem es eine Süßwasserquelle gibt, deshalb wurden hier auch bis vor kurzem noch Früchte und Gemüse angebaut. Das Wasser ist sauber und der Sand sehr fein.

Auch hier gibt es eine kleine Wehrburg, die dem Strand den Namen gab. Sie befindet sich in der Nähe des Wachturms.

**Am Strand Las Negras hebt sich der imponierende Umriss des Cerro Negro ab**

Küstenpfad zur Bucht Cala de San Pedro

Die Burg San Pedro, vor dem Abstieg zur Bucht

Cala del Plomo

Cala de Enmedio

## 19 CALA DEL PLOMO

Der Zugang erfolgt über die gleichnamige *Rambla*. Der Besucher sollte sich diesen Ort nicht entgehen lassen, auch wenn die Anfahrt schwierig ist. In dieser extrem trockenen Region befinden sich einige Landgüter, in denen durch Menschenhand angenehme Landschaften entstanden sind, gesäumt von großen Johannisbrotbäumen, Dattelpalmen und Kaktusfeigen.

In der Nähe des Strandes sehen wir immer noch die Schöpfräder, die bis vor kurzem benutzt wurden.

Der Strand besteht aus großen, runden Felsen, es gibt wenig Sand. Es ist ein idealer Ort für einen Spaziergang, zum Träumen oder zum Tauchen und Erforschen des Meeresgrundes.

## 20 CALA DE ENMEDIO

Der Weg dorthin ist sehr schlecht, deshalb ist es empfehlenswert, von Agua Amarga durch die Berge zu wandern. Dies ist ein sehr schöner Spaziergang, auf den man einen leichten Rucksack mitnehmen kann, und auf keinen Fall die Kamera und die Wasserflasche vergessen sollte. An diesem Strand gibt es eine schöne Plattform, die permanent von den Wellen überspült wird. Hier gibt es Meereshöhlen, in denen Muränen und andere, seltsame Fische leben. Der Sand ist fein, aber da die *Rambla* hier mündet, werden manchmal Steine bis in Strandnähe gespült.

## PLAYA DE AGUA AMARGA 21

Das schönste an diesem Strand sind seine Klippen aus Sedimentgestein, in denen wir viele Fossilien finden. Unterhalb des Berges **La Lomilla** gibt es seltsame, ausgegrabene Behausungen. Der Sand ist fein und dunkel. Es gibt kleine Standbars und Restaurants, in denen man entspannt essen kann. Links auf der Anhöhe befinden sich die interessanten Reste eines alten Ladeplatzes für Minerale mit Lager, Rampen, Tunnel etc.

## PLAYA DE LOS MUERTOS 22

Zu diesem Strand gelangt man über einen im Schatten der **Mesa de Roldán** angelegten Pfad. Sein Sand ist aus grobem Kieselstein, und das Wasser sehr transparent. Es ist ein breiter Strand mit einem sehr gemütlichen Winkel auf der rechten Seite, der natürliche Schatten unterhalb der launischen Formen bietet, welche die Erosion geschaffen hat.

## PLAYA DEL ALGARROBICO 23

Dies ist ein wunderschöner Strand in der Nähe von **Carboneras**. Eine *Rambla* von auffallender Schönheit, die den gleichen Namen führt, mündet in diesen Strand. Der Sand ist fein und aus Kieselstein, auf der rechten Seite gibt es Felsen, über die man den Wachturm Rayo und verschiedene kleine Buchten erreichen kann. Dieser Ort wird selbst in den Sommermonaten relativ wenig besucht.

**Der Strand und die Landzunge Los Muertos**

**Bergkette Vela Blanca und das Arrecife del Dedo**

# AUSSICHTSPUNKTE

## TORRE DE VELA BLANCA (TURM WEIßE KERZE)

Von diesem sehr gut erhaltenen Turm aus, der wahrscheinlich von den Nasriden erbaut wurde, blicken wir auf eine überwältigende Landschaft. Dem Besucher bieten sich sehr verschiedene Panoramas, allen gemeinsam ist die Kraft und der Kontrast der Küstenlinie, die durch Vulkantätigkeit entstanden ist, verborgene Buchten, bizarre Riffs und vertikale Steilküsten. Die Farben sind sanft und die Schönheit sehr plastisch.

Der Turm verdankt seinen Namen dem weißen Tuffstein, der die Form einer Kerze hat und sich über der Steilküste befindet, auf welcher der Turm steht.

## AUSSICHTSPUNKT DE LA AMATISTA

Er befindet sich an der Zufahrtsstrasse nach Rodalquilar, die in La Isleta beginnt. Hier haben wir einen eindrucksvollen Panoramablick über die vulkanischen Steilküsten des Parks. Es gibt auch eine Touristeninformation und ein Schild aus Keramik, auf dem die typischsten Pflanzen- und Tierarten des Gebiets beschrieben werden.

**Mirador de la Amatista. Im Hintergrund, Cerro de los Frailes**

## TORRE DE LOS LOBOS (DER WOLFSTURM)

Dieser Turm steht auf dem gleichnamigen Hügel, und unterhalb des Turmes befindet sich die **Landzunge La Polacra**. Der Aussichtspunkt bietet sich an, um die interessanten Gebirge und Wasserläufe des Parks zu betrachten. Zur Zeit wird dieser Turm als Leuchtturm genutzt. Hier fühlt der Betrachter die Einsamkeit des Menschen gegenüber der Macht der Naturgewalten.

Beim Abstieg besteht die Möglichkeit, den Engpass **Barranco del Bergantín** bis zu der Bucht gleichen Namens zu durchqueren.

## AUSSICHTSPUNKT DE LOS MUERTOS

Er befindet sich an der Straße von Agua Amarga nach Carboneras. Von hier aus können wir die Schönheit des Strandes **Los Muertos** und sein kristallklares Wasser bewundern. Dahinter liegt die Sierra Cabrera, ein anderes, einzigartiges Beispiel für die fast wüstenartige Landschaft des Naturparks.

## AUSSICHTSPUNKT DE LAS SIRENAS

Dieser Aussichtspunkt liegt in der Nähe des **Leuchtturms Cabo de Gata**. Die Zufahrt erfolgt über die Straße, die in Las Salinas beginnt. Hier haben wir einen beeindruckenden Panoramablick über das Riff **Arrecife de las Sirenas**, ein vulkanischer Schornstein. Dieser Ort war anscheinend der Ruheplatz der Mönchsrobben, daher der Name.

## AUSSICHTSPUNKT DE LA ISLETA DEL MORO

Er liegt nicht direkt an der Straße, wir müssen hochsteigen, um den Ausblick auf die **Cerros de los Frailes** zu genießen, deren steilen und bizarren Formen einen großen Teil der Küste von Níjar einnehmen. Wir sehen die großen Felsen der Isleta, die im Volksmund **Ballena de agua** (Wasserwal) und **Ballena de tierra** (Erdwal) genannt werden. Es gibt auch einen kleinen Spielplatz.

## AUSSICHTSPUNKT DE LAS AMOLADERAS

Dieser Punkt ist sozusagen der Einstieg in den Naturpark. Der Zugang erfolgt von der ornithologischen Station aus, die sich an der Straße nach Retamar befindet. Der Aussichtspunkt befindet sich an der gleichnamigen *Rambla*, und von dort aus können wir in Ruhe den Kaninchen, Füchsen und anderen Tieren zuschauen.

Auf einem Keramikschild wird ein großer Teil der Steppenflora beschrieben. Besonders eindrucksvoll sind die riesigen Silhouetten der Brustbeerbäume (Jujuba).

Panoramablick auf den Strand Playa de los Muertos und die Mesa de Roldán

Das Riff Las Sirenas

## STEILKÜSTE DE LOS ESCULLOS

Diese Felsformationen aus Dünen oder Oolithen sind durch die Einwirkung der Natur entstanden. Ein Spaziergang über diese Steilküsten ist ein beeindruckendes Erlebnis, vor allem an Tagen mit *Levante* (Ostwind) oder in Vollmondnächten, allerdings ist Vorsicht geboten. Hier können wir ganz die Kraft des Meeres und die ernste Ruhe der Nacht auf uns wirken lassen.

## LAS SALINAS DEL CABO DE GATA

Sie befinden sich in der Nähe von **Almadraba de Monteleva** in einer natürlichen Lagune und wurden schon von den früheren, hier ansässigen Zivilisationen ausgebeutet. Heute stellen sie einen wichtigen Teil des Ökosystems teil, der sich im perfekten Gleichgewicht mit der Umwelt befindet. Es gibt eine ornithologische Beobachtungsstation, von der aus wir im Sommer große Gruppen majestätischer Flamingos und viele andere Wasservögel beobachten können, wie zum Beispiel Säbelschnäbler, Uferschnepfen und Seidenreiher. (Siehe Fauna S. 84-87).

**Ausbeutung der Salinen im Cabo de Gata**

## CORTIJO DEL FRAILE

Dieser Besuch ist fast obligatorisch, und sei es nur, um an die Ereignisse zu denken, die hier in einer Nacht im Jahre 1928 stattfanden, und die Lorca zu seinem Werk „*Bluthochzeit*" inspirierten.

Das Gebäude beeindruckt aufgrund seiner großen Räume, denen jedoch der Verfall droht. Große Zisternen zeugen von der hohen Zahl von Menschen, die einst hier lebten.

Von dem Gehöft **Cortijo del Fraile** aus haben wir einen Blick auf den durch Goldminen ausgebeuteten Hang, der ganz anders ist als der vom Cerro del Cinto.

Salinen im Cabo de Gata

Gehöft Cortijo del Fraile mit den Ruinen der Kapelle

## ALJIBE BERMEJO (RÖTLICHE ZISTERNE)

Dies ist die einzige Zisterne römischen Ursprungs, die noch fast völlig intakt ist. Auch wenn sie sich nicht mehr innerhalb des Naturparks befindet, lohnt sich der Besuch. Die Zufahrt erfolgt über den alten Weg nach Vera von **Campohermoso** aus (Siehe Karte 1, S. 114-115).

## STAUSEE ISABEL II

Er befindet sich in der **Sierra Alhamilla** an der Straße zwischen **Níjar** und **Lucainena**. Man kann mit dem Auto ziemlich nah an den Stausee heranfahren. Die Landschaft und der Ausblick sind von großer Schönheit. Dieser große Stausee wurde auf Anordnung der Königin Isabel II durch das Ausgraben großer Sandgruben konstruiert, aber bald darauf wurde das Projekt aufgegeben, da er sich kurz nach der Eröffnung schon mit Schlamm füllte. Von diesem Morast geht ein kompliziertes Kanalnetz aus, das eigentlich damals, ca. im Jahre 1850, die Gärten des Tales gießen sollte.

## LA GRANADILLA

Dies ist ein anderer, interessanter Ort in der Nähe des Naturparks bei **Níjar** auf dem **Cerro Del Hoyazo** (Siehe Karte 1, S. 114-115).

Es handelt sich um einen ehemaligen Krater, dessen Lavaauswürfe eine Schlucht gruben, durch die wir heutzutage wandern können. An der rötlichen Farbe der Landschaft läßt sich erkennen, dass hier in der Vergangenheit Granatstein abgebaut wurde.

## LEUCHTTURM AUF DER MESA DE ROLDÁN

Dieser Turm steht auf einem Berg aus festem Kalkgestein, der aus einem Riff entstanden ist und der eine Ebene bildet, von der aus wir eine wunderschöne Aussicht auf die Küste haben. Unter uns sehen wir die Landzungen **Media Naranja** und **Los Muertos**.

Der Grundriss dieses Wachturms aus dem 17. Jahrhundert unterscheidet sich von dem der anderen Türme in dieser Gegend.

Die Bergterrasse Mesa de Roldán und die Landschaft im Landesinneren

Charakteristische Vegetation einer *Rambla*

BIO
TIENDA NATURAL
DELICATESSEN
Cjo. Los ALMENDROS

# WANDERROUTEN, FAHRRADROUTEN UND AUTOROUTEN

## WANDERROUTEN

Bei einem kurzen Spaziergang oder einer mehrstündigen Wanderung erlebt man die Landschaft am intensivsten. Es gibt zahlreiche Möglichkeiten, im folgenden finden Sie eine Auswahl.

1

Die Route ist auf der Karte 5 ausgewiesen. S. 122-123

### PLAYA DEL MÓNSUL | ENSENADA DE LA MEDIA LUNA | CALA CARBÓN | TORRE DE VELA BLANCA

**Schwierigkeit: Sehr gering | Dauer: Ungefähr 6 Stunden hin und zurück**

Obwohl das erste Teilstück der Strecke auch in einem Fahrzeug zurückgelegt werden kann, empfehlen wir, die ganze Strecke zu wandern, so ist der Kontakt mit der Küste intensiver.

Dieses Gebiet ist zu jeder Jahreszeit angenehm, aber falls Sie die Strecke im Sommer wandern, empfehlen wir, dies nachmittags zu tun, denn die Sonnenuntergänge sind spektakulär. Die Kontraste sind sehr stark und die Bucht **Cala Carbón** überrascht jeden Besucher. Von dort kann man seinen Blick über die felsigen Abgründe schweifen lassen, bevor man den Abstieg zu der wundervollen Bergterrasse **Vela Blanca** beginnt.

2

Die Route ist auf der Karte 1 ausgewiesen. S. 114-115

## NÍJAR | HUEBRO

### Schwierigkeit: Mittel | Dauer: Ungefähr 6 Stunden hin und zurück

Diese Route ist sehr empfehlenswert und führt durch eine besonders grüne Umgebung, nämlich durch das Tal **Valle de Níjar** und **Huebro**.

Fruchtbare, mediterrane Gärten, eine Landschaft aus Erdterrassen, von Quellen begossen, die über dem Huebro entspringen. Dieses Gebiet wurde schon von den Arabern bewirtschaftet, die ein weit verzweigtes Netz von Wassermühlen erbauten, was die Schönheit des Ortes noch erhöht. Wir sollten dieses bis heute in gutem Zustand erhaltene Wirrwarr von Mühlen und Wassergräben, Mühlteichen und Gewölben, durch die immer noch Wasser fließt, näher betrachten. Wir können diese Route in Huebro enden lassen, um die gute regionale Kost in einem gemütlichen Restaurant genießen, bevor wir den Rückweg antreten.

3

Die Route ist auf der Karte 4 ausgewiesen. S. 120-121

## LAS NEGRAS | BARRANCO DE LAS NEGRAS

### Schwierigkeit: Sehr gering | Dauer: Ungefähr 4 Stunden hin und zurück

Wenn wir der *Rambla* folgen, die meist feucht ist, kommen wir in die Schlucht, die uns durch merkwürdige, vulkanische Gesteinsformen hindurch führt. Auf der anderen Seite liegen die Gärten mit Gemüse und Fruchtbäumen. Die kleinen Wasserrinnsale bieten verschiedenen Tier- und Pflanzenarten einen Lebensraum und Zuflucht. Wir finden hier unter anderem Frösche, Ringelnattern und Wasserschildkröten. Dieses Gebiet steht unter Naturschutz, wir sollten deshalb besondere Rücksicht auf die Umwelt nehmen.

4

Die Route ist auf der Karte 2 ausgewiesen. S. 116-117

## EL ARGAMASÓN | RÍO ALÍAS

### Schwierigkeit: Sehr gering | Dauer: Ungefähr 2 1/2 Stunden hin und zurück

Diese ungewöhnliche Strecke ist sehr interessant. Sie beginnt in dem Dorf **El Argamasón** in der Nähe von Carboneras. Die *Rambla*, die von diesem Dorf wegführt, führt uns zu dem Fluss Río Alías. Am Ufer des Flusses stehen einige Gebäude, welche die Wasserkraft nutzen, wie zum Beispiel die Mühle **Molino de Abajo**, in der noch der größte Teil der Werkzeuge erhalten ist. Die für feuchte Zonen typische Vegetation bietet verschiedenen Tierarten Zuflucht. Der letzte Teil des Flusses verläuft zwischen enormen Felsen, wodurch einzigartige Wasserfälle entstehen.

Terrassenbeete am Trockenflussbett *Rambla* de Huebro

Bucht und Schloss San Pedro

5

Die Route ist auf der Karte 4 und 2 ausgewiesen. S. 120-121 und 116-117

## LAS NEGRAS | CALA HERNÁNDEZ | CALA DE SAN PEDRO | CALA DEL PLOMO | CALA DE ENMEDIO | AGUA AMARGA

**Schwierigkeit: Mittel | Dauer: Ungefähr den ganzen Tag**

Es ist empfehlenswert, das erste Teilstück im Inland zurückzulegen (Siehe Karte 4). Ab der Bucht **Cala de San Pedro** führt uns ein nicht ganz ausgetretener Fußweg über die Steilklippen bis zu der Bucht **Cala del Plomo**, unter uns sehen wir **Cala Montoya**, **Cala Chumba** und **Cala Puente**. Nach dem Gebirgszug Cerro de la Higuera geht der Fußweg bis zu der Bucht **Cala de Enmedio** weiter, und dann nach Agua Amarga. Es ist eine sehr lange Strecke, aber die Mühe lohnt sich, vor allem dann, wenn man gerne die Natur und die Einsamkeit genießt.

6

Die Route ist auf der Karte 3 und 5 ausgewiesen. S. 118-119 und 122-123

## LLANO LIMONES | LA BOCA DE LOS FRAILES | CERRO DEL GARBANZAL

**Schwierigkeit: Mittel | Dauer: Ungefähr 3 1/2 Stunden hin und zurück**

Diese Route beginnt in der Ebene Llano Limones, in der sich das kleine Dorf La Boca de los Frailes befindet, ein Ort von einzigartiger Schönheit. An den Häusern Las Casas del Garbanzal beginnt ein Weg, über den man zu der wunderschönen Schlucht zwischen den Hügelketten Garbanzal und Limones kommt. Auf dem Abstieg gelangen wir zu einer natürlichen Aussichtsterrasse, von der aus man an klaren Tagen sogar die Gipfel der **Sierra Nevada** sehen kann. Und etwas näher sieht man den Krater **Majada Redonda** und natürlich die schöne Küste.

7

Die Route ist auf der Karte 3 und 5 ausgewiesen. S. 118-119 und 122-123

## LAS AMOLADERAS | INFORMATIONSZENTRUM

**Schwierigkeit: Einfach | Dauer: Ungefähr 45 Minuten hin und zurück**

Dieser Rundweg ist von dem Parkplatz am Aussichtspunkt Mirador de las Amoladeras aus sehr deutlich gekennzeichnet. Es ist ein sehr bequemer Spazierweg, auf dem wir den einzigartigen Zauber der steppenartigen Zone erleben, und insbesondere die Vögel, die wir dort auch sehr gut hören können. Ein Keramikschild in der Nähe des Besucherzentrums informiert die Touristen über die Besonderheiten der Vegetation des Naturparks.

Cala de Enmedio

Landschaft im Inland

# FAHRRADROUTEN

## Wir empfehlen Mountainbikes zu benutzen, Ausnahme sind die Teilstrecken, die nur über asphaltierte Straßen verlaufen.

1

Die Route ist auf der Karte 5 ausgewiesen. S. 122-123

### SPORTHAFEN SAN JOSÉ | EL POZO DE LOS FRAILES | LAS PRESILLAS BAJAS | CALDERA DE MAJADA REDONDA

**Schwierigkeit: Mittel | Dauer: Ungefähr 3 Stunden hin und zurück | Art der Strecke: Die Straße ist im ersten Teil breit und wird später bis nach Las Presillas Bajas schmäler**

Auf dieser Strecke können wir das Landesinnere des Parks genießen, die Dörfer und die von Landwirtschaft und Viehhaltung geprägte Landschaft, die sich perfekt der Umgebung anpasst, auch wenn diese Aktivitäten immer mehr aufgegeben werden. Über sanfte Bergketten kommen wir zum Herzen des Parks, und durch die **Rambla Majada Redonda** bis zu dem verlassenen Gehöft **Los Berengueles** erreichen wir den Krater des Vulkans.

2

Die Route ist auf der Karte 2 ausgewiesen. S. 116-117

## AGUA AMARGA | CORTIJADA DE LA JOYA | CORTIJO Y CALA DEL PLOMO

**Schwierigkeit: Mittel | Dauer: Ungefähr 4 Stunden hin und zurück | Art der Strecke: Asphalt**

Eine interessante Strecke, auf der wir einerseits die volkstümliche Architektur und andererseits die wunderschöne, relativ trockene Landschaft bewundern können, die voller trockener Wasserläufe, Schluchten und alter Viehtreibewege ist. Man sollte sich die seltsamen, geweißten Zisternen näher anschauen und fotografieren, die es auf der ganzen Strecke gibt, und anschließend an dem wunderschönen Strand ausspannen.

3

Die Route ist auf der Karte 4 und 6 ausgewiesen. S. 120-121 und 124-125

## LOS ESCULLOS | CALA HIGUERA

**Schwierigkeit: Mittel | Dauer: Ungefähr 4 Stunden hin und zurück | Art der Strecke: Erdstrecke (nicht asphaltiert)**

Wir fahren am Strand Playa del Arco los und halten an der Burg **San Felipe** (18. ahrhundert) an. Die sehr schöne Strecke verläuft immer unterhalb der Bergkette **Cerro de los Frailes**. Auf der gesamten Strecke, die relativ eben verläuft, verlieren wir nie die Sicht von oben auf das Meer. Es ist eine ideale Route, um die Landschaft und typische Vegetation dieser Küstenzone zu genießen.

4

Die Route ist auf der Karte 5 ausgewiesen. S. 122-123

## SAN JOSÉ | CORTIJO DE LOS GENOVESES | CORTIJO DEL ROMERAL | ENSENADA DE LA MEDIA LUNA

**Schwierigkeit: Sehr gering | Dauer: Ungefähr 3 1/2 Stunden hin und zurück | Art der Strecke: Erdstrecke (nicht asphaltiert)**

Über diese Strecke gelangen wir in das Innere der wundervollen Bucht Bahía de los Genoveses und treffen dort auf verschiedene Arten von Häusern, deren Architektur vom ökonomischen Niveau der Bewohner bestimmt ist. Das Gehöft **Cortijo del Romeral** überrascht uns durch seine Großartigkeit, es wurde von einem Großgrundbesitzer erbaut, der Herr und Herrscher über dieses Land zu Beginn des Jahrhunderts war. Wir empfehlen, auf dem Rückweg nach San José mit dem Fahrrad über den an der Küste entlang verlaufenen Pfad bis zu den Stränden zu fahren (**Media Luna**, **Mónsul**, die Buchten **Barronal** und **Genoveses**).

5

Die Route ist auf der Karte 5 ausgewiesen. S. 122-123

## SAN MIGUEL DE CABO DE GATA | CAMINO DEL POZO DEL CABO | LA FABRIQUILLA

**Schwierigkeit: Sehr gering | Dauer: Ungefähr 3 Stunden hin und zurück | Art der Strecke: Erdstrecke (nicht asphaltiert) (Man kann anschließend über eine asphaltierte Straße zurückfahren und so eine Rundfahrt machen)**

Die Zufahrt erfolgt von dem Gasthaus am Straßenrand **La Cepa** aus. Die Strecke führt an allen Salinen vorbei. Auf dem ersten Teilabschnitt nähern wir uns den natürlichen Tümpeln der Salinen. Wir sollten nicht zu dicht heran fahren, um die zahlreichen Vögel, die in dieser Zone leben, nicht zu stören.

6

Die Route ist auf der Karte 3 und 4 ausgewiesen. S. 118-119 und 120-121

## LOS ALBARICOQUES | CORTIJADA DEL HORNILLO | CORTIJO DE LA TÓRTOLA | FERNÁN PÉREZ

**Schwierigkeit: Mittel | Dauer: Ungefähr 4 1/2 Stunden hin und zurück | Art der Strecke: Erdstrecke (nicht asphaltiert) in gutem Zustand**

Diese Strecke sollte man nicht während der heißesten Stunden des Tages zurücklegen, auch wenn sie nicht besonders uneben ist, führt sie doch durch ein besonders trockenes und heißes Gebiet. Trotzdem ist diese Route durch eine Landschaft, die sich stark vom Rest des Naturparks unterscheidet, sehr empfehlenswert. Wir treffen auf überraschende, landschaftliche Elemente, die sich zwischen sanften und gewellten Hügelketten verbergen.

7

Die Route ist auf der Karte 3 und 4 ausgewiesen. S. 118-119 und 120-121

## LOS ALBARICOQUES | LLANO DE DOÑA FRANCISCA | CORTIJO DEL FRAILE | CORTIJO DE MONTANO | LAS HORTICHUELAS

**Schwierigkeit: Hoch | Dauer: Ungefähr 6 1/2 Stunden hin und zurück | Art der Strecke: Erdstrecke (nicht asphaltiert) in gutem und schlechtem Zustand, Asphalt**

Gehöfte und Wege, die von enormen, amerikanischen Agaven gesäumt sind, legen ein Zeugnis davon ab, wie die Menschen hier in vergangenen Zeiten durch Landwirtschaft und Viehzucht in dieser so harten, aber auch magischen Region zu überleben suchten. Wenn wir zu dem Gehöft **Cortijo del Fraile** kommen, sollten wir unserer Phantasie freien Lauf gewähren. Wir empfehlen, auf der Landkarte die interessanten Orte vorher herauszusuchen, da auf der Strecke keine Beschilderung vorhanden ist.

Mónsul-Strand

Flamingos in den Salzgruben von Almadraba de Monteleva

## AUTOROUTEN

**Die Strecken sind so beschaffen, dass auch Teilstücke zu Fuß oder auf dem Fahrrad an den leicht erreichbaren Orten zurückgelegt werden können. Die Zeit, die für jede Route angegeben wurde, ist so bemessen, dass der Besucher diese Route in aller Ruhe zurücklegen kann.**

1

Anfang der Route Karte 5. S. 122-123

### EL POZO DE LOS FRAILES | SAN JOSÉ | PLAYA DE LOS GENOVESES | PLAYA DEL MÓNSUL

Von ethnographischem, kulturellem und landschaftlichem Interesse | Dauer: Ungefähr 4 Stunden hin und zurück

Wenn wir von dem Wasserrad **Pozo de los Frailes** an der Straße abfahren, sehen wir eine Windmühle, die wir besuchen können. **San José** ist der ideale Ort, um sich auszuruhen und anschließend die schönen Strände **Los Genoveses** und **Mónsul** zu besuchen (Siehe S. 35-36). Wenn man diesen Ausflug nachmittags unternimmt, kann man in aller Ruhe die Schönheit der Silhouetten der Hügel und die Gelassenheit des Meeres genießen. Wir können uns auch den nahe gelegenen Gehöften nähern, die noch die Spuren einer nicht allzu weit entfernten Vergangenheit tragen.

2

Anfang der Route Karte 5. S. 122-123

## URB. RETAMAR | PLAYA DE TORREGARCÍA | AUSSICHTSPUNKT DE LAS AMOLADERAS | INFORMATIONSZENTRUM | SAN MIGUEL DE CABO DE GATA | SALINEN UND DER LEUCHTTURM CABO DE GATA | TORRE DE VELA BLANCA

### Archäologisch, landschaftlich und ornithologisch interessant, schöne Natur | Dauer: Ungefähr 4 Stunden hin und zurück

Diese Route führt uns in den westlichsten Teil des Parks, in dem wir die steppenartige Landschaft genießen können. Sowohl vom Wachturm **Torregarcía** als auch von dem Aussichtspunkt **Mirador de las Amoladeras** aus haben wir einen schönen Blick auf die Strauchvegetation, welche die Dünen bedeckt. Das Besucherzentrum gibt uns einen globalen Überblick über den Park, wir finden dort verschiedene Veröffentlichungen über das Gebiet und andere Themen. Vom Observatorium in der Nähe von Amadraba aus können wir in Ruhe die Vogelwelt betrachten. Eine andere Aussichtsterrasse, **Las Sirenas**, lässt uns die gewaltige Schönheit des Riffs betrachten, das den gleichen Namen trägt. Von hier aus führt eine nicht asphaltierte Straße nach **Vela Blanca**, wo uns die Schönheit und der Kontrast der Steilküste verzaubert.

3

Anfang der Route Karte 4. S. 120-121

## LA ISLETA DEL MORO | CALA DE LOS TOROS | MIRADOR DE LA AMATISTA | RODALQUILAR | TORRE DE LOS LOBOS | EL PLAYAZO

### Von kulturellem und landschaftlichem Interesse | Dauer: Ungefähr 4 Stunden hin und zurück

Ein interessanter Ausflug mit vielen Sehenswürdigkeiten, wir können die Küste von mehreren Aussichtsterrassen aus bewundern. Auf dieser Fahrt wacht die unverwechselbare Silhouette der Hügel **Los Frailes** immer über unseren Weg, bis wir dann in das malerische Tal Valle de **Rodalquilar** kommen, in dem zahlreiche Bauten von der harten und glanzvollen Vergangenheit der Bergwerke sprechen. Wir können auch bis zum **Cerro de Los Lobos** fahren, und dort die Landschaft genießen, und dann zur *Rambla* hinunter, die uns nach **El Playazo** führt, ein Ort mit historischer Vergangenheit.

4

Anfang der Route Karte 4. S. 120-121

## LAS HORTICHUELAS | LAS NEGRAS | CALA DEL CUERVO | FERNÁN PÉREZ

### Von kulturellem, landschaftlichem und architektonischem Interesse | Dauer: Ungefähr 3 Stunden hin und zurück

Der Weg führt uns durch ernste Bergketten, zwischen denen sich die Küstenlandschaft mit der des Landesinneren abwechselt. Wir empfehlen, die drei Zentren zu besuchen, aus denen sich das Tal **Valle de Las Hortichuelas** zusammensetzt. Die Umgebung ist wunderschön und wir können das Meer immer wieder von einer Anhöhe aus bewundern. Von **Las Negras** kommen wir zu schönen Steilküsten und Riffterrassen, die uns zur Bucht **Cala del Cuervo** führen. Auf dem Rückweg ins Landesinnere überraschen gigantische Bergengen in intensiven Farben den Besucher. Als krönenden Abschluss dieser Fahrt empfehlen wir einen Spaziergang durch die Straßen von **Fernán Pérez** und ein gutes Essen nach Art der Region.

5

Anfang der Route Karte 2. S. 116-117

## FERNÁN PÉREZ | CORTIJO DEL MOLINO | CORTIJADA DE LA JOYA | AGUA AMARGA | MIRADOR DE LOS MUERTOS | PLAYA DEL ALGARROBICO

### Von landschaftlichem und ethnographischem Interesse | Dauer: Ungefähr 5 Stunden hin und zurück

Dieser Ausflug beginnt im Landesinneren und führt uns in die östlichste Zone des Naturparks. Was wir dort vorfinden, unterscheidet sich durch Lage und Charakter sehr vom Rest des Parks. Die Strecke von **Fernán Pérez** nach **Agua Amarga** sollte der Besucher über den Weg zurücklegen, der zu den Bentonit-Steinbrüchen führt (siehe Karte 2), auch wenn es ein nicht asphaltierter Weg ist. Hier können wir die volkstümliche Architektur genießen, und wir kommen an sehr unwirtlich wirkenden Orten vorbei, was die Schönheit dieser Route noch erhöht. Es ist einfach, in den Dörfern auf dieser Strecke ein Restaurant zu finden.

Schöpfrad in Pozo de los Frailes

La Isleta del Moro

Ein Wasserrad in Cortijos Grandes

Überreste der Zinnen der Burg San Pedro

Nahaufnahme von einem Turm der Nasriden (13-14. Jahrhundert)

# ARCHÄOLOGIE

Zeugen der ersten Siedler sind die Siedlungen von **Inox** und **La Matanza** in der Nähe von Níjar, ein beliebter Ausflugsort für diejenigen, die sich gerne von den Menschenmassen entfernen und das geeignete Fahrzeug dazu haben.

Es gibt auch Überreste einiger Nekropolen. Die besterhaltene ist die in der **Rambla Morales** in der Nähe von Barranquete. Es gibt andere in Las Hortichuelas, auf dem Berg El Cinto und in dem Dorf La Molatilla (Las Negras). Besonders auffallend in diesem Gebiet sind die zahlreichen Überreste der Kulturen von Argar und Los Millares. Die **Anlage zum Pökeln von Torre García**, die romanischen Ursprungs ist, lässt erahnen, wie wichtig der Fisch und seine Produkte (*Garum, Thonina*) für die Ernährung dieser Völker waren.

Einige Jahrhunderte später schufen die Araber hier ihre eigene Kultur, die Bewässerungssysteme (Wassergräben), die Nutzung des Wassers (Zisternen), die kubische Architektur (Höfe), das Wach- und Verteidigungssystem an der Küste (Wachtürme, Ruinen der Nasriden), das vielfältige Kunsthandwerk (Webstühle, Keramik), die Mineralbergwerke (Gold, Silber, etc.). Viele dieser Bergwerke wurden noch bis weit nach Beginn des 20. Jahrhunderts ausgebeutet, dann begann für die Bewohner dieser Gegend die Emigration auf der Suche nach einem besseren Leben.

Im 13. Jahrhundert wurden in dieser Region Festungen, Wachtürme und Burgen erbaut, um sich vor den Angriffen der berberischen Piraten zu schützen, einige davon sind bis heute erhalten geblieben.

Ein industrielles, archäologische Gut stellt der **Stausee Isabel II** im Bezirk Níjar dar, der im Jahr 1850 angelegt wurde.

**Die Burg Castillo de la Batería aus der Epoche der Nasriden in El Playazo**

Ein Beispiel für die ländliche Architektur im Gehöft Cortijada de los Martínez

Gehöft Cortijada de los Murcias

# VOLKSTÜMLICHE ARCHITEKTUR

Die Menschen im **Naturpark Cabo de Gata-Níjar** leben in Häusern, die ganz im mediterranen Stil erbaut sind, die Häuser sind niedrig, klein und würfelförmig, das Dach ist flach und die Mauern dick. Es gibt kaum Öffnungen, das dient der Wärmeisolation. Deshalb wurden die Häuser auch gekalkt, eine Sitte, die sich bis heute erhalten hat. Im allgemeinen handelt es sich um nüchterne Behausungen mit funktionalen Elementen wie Wandnischen, Hängeböden, Arkaden, Kaminen, Topfbänken, Öfen etc. im Inneren, die ihnen ein ästhetisches und harmonisches Aussehen verleihen. Das Regenwasser wird in einfachen Ablaufrinnen aus gebranntem Ton aufgefangen.

Außerdem besitzen die Häuser Scheunen und Ställe und weitere Nebengebäude, die für die Landwirtschaft notwendig sind.

Wenn es sich um einsam gelegene Gebäude (Höfe) handelt, sind die Häuser im allgemeinen einstöckig, wenn sie in Gruppen zusammen stehen, also vor allem in den Dörfern, zweistöckig. Traditionell wurde das Material benutzt, was in der Region selbst vorhanden war, rote Erde, Stein, Kalk und Sand. Balken aus Eukaliptus- und Pappelholz und eine Lage aus „Pitazweigen" (Amerikanische Agave) formten die Dächer. Hinzu kam anderes, pflanzliches Material, Palmenblätter, Rohr und sogar Algen in Küstennähe. Die Decklage bildete schließlich eine Schicht aus Magnesiumtonerde, die das Dach wasserdicht machte.

Das Gehöft Cortijo de los Genoveses

## ZISTERNEN UND WASSERSPEICHER

Diese wurden von den Römern eingeführt, die rechteckigen Zisternen und die runden Wasserspeicher waren immer von großer Bedeutung im Leben dieses Volkes, da sie sowohl für die häuslichen als auch für die landwirtschaftlichen Arbeiten eine wichtige Rolle spielten. Bedingt durch das sehr trockene Klima war das Auffangen von Wasser eine Lebensgrundlage, und wir finden dafür zahlreiche Beispiele. Diese Konstruktionen waren teilweise privates, teilweise öffentliches Eigentum.

Ihre Abdeckungen sind gewölbt und sehr solide, die Struktur fest und kompakt. Einige davon sind mit Kalk verputzt. Im Inneren sind sie mit Roterde ausgekleidet, um Risse und das Durchsickern von Wasser zu vermeiden. Es gibt viele Zisternen, *aljibes*, und Wasserspeicher, *tanques*, die sich noch in einem guten Zustand befinden, wenn auch die meisten davon nicht mehr benutzt werden.

## TAUBENSCHLÄGE

Diese finden sich nur sehr vereinzelt, stellen aber dennoch sehr interessante Bauten dar. Der Grundriss ist meist rechteckig. Die Taubenzucht diente dazu, die Nahrungsvielfalt der Familie zu bereichern und die wirtschaftliche Situation durch den Verkauf des Taubenmists als Dünger oder der Tauben selbst zu verbessern. An der Bucht **Cala de San Pedro** steht noch ein sehr gut erhaltener Taubenschlag. Aus Ton wurden fast runde Nistplätze geformt.

## WIND- UND WASSERMÜHLEN

Nur wenige Windmühlen haben sich bis heute erhalten, obwohl sie in der Vergangenheit eine wichtige Rolle im Leben der Menschen spielten, deren Ernährung hauptsächlich aus Getreide bestand.

Im ganzen Park finden wir die Türme der Mühlen. Ihr Grundriss ist rund und sie sind gemauert, das Dach aus Holz und drehbar. Einige der Türme sind über 10 Meter hoch, wobei der Turmhelm mitgemessen wird. Alle Mühlen haben zwei Türen, die sich nach den in der Region dominierenden Winden richten.

Sie scheinen auf die Zeit der Perser zurückzugehen, auch wenn sie erstmals im 18. Jahrhundert erwähnt wurden.

Die Mühlen in **Pozo de los Frailes**, **Agua Amarga** und **Los Genoveses** haben einen großen Teil ihrer ursprünglichen Struktur und ihres Mechanismus bewahrt, der gut zu erkennen ist.

Restaurierte Mühle in Cortijos Grandes

Funktionsmechanismus an der Mühle Los Genoveses

Die Mühle in **Cortijos Grandes** (Straße nach Los Escullos) wurde privat renoviert und ist heute Nebengebäude eines Hauses.

Einige Ruinene von Wassermühlen finden wir am Flussbett des Flusses **Río Alías**. Für ihren Betrieb ist ein Wassergefälle notwendig, deshalb befinden sie sich in der Nähe von Flüssen, Stauseen und Ähnlichem. Die Restaurierung dieser Bauten ist von großem ethnographischen Interesse.

Einige dieser Wassermühlen funktionierten bis vor kurzem in der **Vega** in **Níjar-Huebro** inmitten von echten Hausgärten.

**Mechanismus eines nicht mehr benutzten Wasserrades**

## NORIAS (WASSERRÄDER)

Auch sie gehören zu der Kultur des Wassers, die diesen Landstrich so nachhaltig geprägt hat. Besonders bekannt sind die sogenannten *Norias de Sangre* (Bluträder). Sie befinden sich immer in der Nähe von *Ramblas* oder in leicht zugänglichen Zonen mit Wasser. Die Wasserräder wurden mit der Zugkraft von Tieren betrieben, von Mauleseln oder von Eseln wie in Almería. Das Funktionssystem ist sehr einfach, sie bestehen aus sehr vielen Teilen und einem präzisem Räderwerk. Der Mechanismus wurde fast immer aus dem Holz von Olivenbäumen konstruiert, nur die Schöpfeimer bestehen aus Ton, und das Seil, an dem sie befestigt sind, *Maroma* genannt, aus Spartgras. Sie drehen sich im Gegenuhrzeigersinn. Der Betrieb des letzten, noch funktionierenden Wasserrades in **Pozo de los Frailes** wurde 1983 eingestellt. Heute ist dieses Wasserrad restauriert.

## DRESCHTENNEN

Sie sind nicht leicht zu erkennen, da sie sich immer auf Bodenhöhe befinden. Sie gehören zu einem Gehöft und waren zum Dreschen des Getreides unentbehrlich. Die Dreschtennen wurden um einen Stein in der Mitte konstruiert, der als Achse für die Kreisform diente. In der **Bahía de Los Genoveses** sind noch einige davon erhalten.

## SESTEROS (RUHEPLÄTZE FÜR DAS VIEH)

Es handelt sich um einfache Konstruktionen aus Stein und Ton, die mehrere Bogen bilden. Zwischen diesen Bogen befinden sich für das Vieh leicht zugängliche Nischen. Hier konnten sich die Tiere an heißen Sommertagen ausruhen. Einige dieser Konstruktionen finden wir noch in **Llano Limones** in der Nähe von La Boca de los Frailes, sie sind jedoch schon sehr verfallen. In der Nähe von **El Argamasón** (Carboneras) befinden sich andere Reste von auf Bogen basierenden Bauten.

Wasserrad des Pozo de los Frailes

Einer der typischen, bedeckten Brunnen der Region

Mineraladern in der *Rambla* Sopalmo

# GEOLOGIE

Die Region wird durch Gebirge vulkanischen Ursprungs geprägt, die sehr weitläufig und vielfältig sind. Diese Gebirge sind schätzungsweise siebzehn bis sechs Millionen Jahre alt, und neogenen Ursprungs (Tertiär).

Durch die Einwirkung des Magma und anderer Faktoren entstanden sehr vielfältige Materialien: Pyroxen-Andesin, Dazit, Rhyolit und Tuffsteine. Es gibt Überreste von vulkanischen Kegeln, Kessel, Schächte und Bergengen aus Basalt.

In der Entstehungszeit dieser Gebirge wechselten sich die Phasen der vulkanischen Aktivität mit der Inaktivität ab, der Meeresspiegel stieg und senkte sich wieder; so entstanden interessante Formationen versteinerter Meeresablagerungen und Riffe aus Kalkstein.

Durch die Einwirkung des Windes und des Meeres entstand eine Vielzahl von Gesteinsformen wie Bergterrassen, Ebenen, Felsvorsprünge etc. Der größte Teil der Region ist leicht gewellt (Hügel), dazwischen liegen kurze, trockene Wasserläufe (*Ramblas*), die fast das ganze Jahr über trocken sind und die von den seltenen Gewitterregen gegraben wurden.

Formationen äolischen Ursprungs sind die Dünen, einige davon sind riesig.

Überall gibt es Mineralvorkommen, Blei, Gold, Galenit, Bentonit, Silber, Baryt, Quarz und Amethyst, um einige zu nennen. Der Überfluss an diesen Materialien entstand während der hydrothermalen Phase der Vulkantätigkeit.

# FLORA UND FAUNA

## FLORA

Die Trockenheit der Region und der vulkanische Ursprung prägen die sehr interessante Vegetation. Die Pflanzen haben sich an die extremen Umweltbedingungen angepasst und seltsame Überlebenstechniken entwickelt. Einige Pflanzen entwickeln sich nach dem Regen und verschwinden während der Trockenheit (klimaabhängige Vegetation).

Es gibt interessante Gruppen von Pflanzenarten, die fast überall den Boden bedecken und so dem Aussehen der Landschaft einen eigenartigen Ton von seltsamer Schönheit verleihen.

In der Nähe der Steilküsten wachsen seltene Baumschlingen (*Periploca laeavigata*), Clementinenbäume (*Oroval*), Brüchiges Meerträubel (*Ephedra fragilis*) und manchmal sogar Spanischer Wacholder und Brustbeerbäume.

**Zwergpalme**

***Caralluma Europaea***

**Safran vom Cabo**

**Estragon vom Cabo de Gata**

Es wächst sehr viel Ginster und anderes Gebüsch, Ginster (*Genista umbellata*), Spargel, Mastixstrauch, Schwarzdorn etc. Andere Zonen sind mit dichtem Spartgras und Stechginster oder Thymian bedeckt. Das sind die Überreste der Zonen, die einst voller üppiger Mastixsträucher waren.

Interessante, einheimische Pflanzen wachsen hier, maurischer Ginster, *Phlomis purpurea* (*matagallos*) und Thymian aus Almeria, weißer Gamander, Estragon und Bartnelken aus dem Cabo de Gata. Wenn man genau aufpasst, kann man auch *Caralluma europaea* entdecken, eine sehr seltsame Pflanze, die nur hier und in Murcia wächst. Kleine Wälder aus Zwergpalmen, eine autochthone, unter Naturschutz stehende Art, bedecken die schattigen und andere klimatisch günstige Zonen der Bergketten.

Es gibt viel bodendeckende Vegetation, die sich nach dem Bodentyp richtet, und eine große Pflanzenvielfalt in den Zonen mit Dünen, Strandhafer, *Thymelaea hirsuta* (*Bufalaga*), Gelbe Hauhechel, Salzkraut, *Rascamoñas*, etc. Auch die auffallenden Brustbeerbäume sind reichlich vorhanden, die wiederum einen Lebensraum für andere Pflanzen und Tiere bieten.

Andere Pflanzenarten haben sich an die feuchte und salzige Umgebung angepasst, Kali-Salzkraut, Schilfrohr und Binsen etc. In deren Nähe wächst die schöne *Flor de papel* (Papierblume) und spanisches Pfriemengras. Andere Pflanzen wurden in der Vergangenheit vom Menschen eingeführt, amerikanische Agaven, Hanf, Kaktusfeigen und Palmen. Letzere dienen eindeutig der Ausbeutung. In einigen Ebenen wird noch wie früher Getreide angebaut, obwohl man allmählich vom Ackerbau abkommt.

Auch die Meeresflora ist sehr artenreich, das ist dem auch noch unter Wasser stark geformten Boden zu verdanken, und dem sauberen Wasser.

Blütenpflanzen des Meeres, also authentische Pflanzen mit Blüten auf sandigem Untergrund und die Pflanzendecke unter Wasser, die zahlreiche Algen auf dem felsigen Meeresgrund beherbergt, bieten einen Lebensraum für Fische verschiedener Größen und Farben. Die wichtigste Rolle nimmt die Posidonia ein, eine seltsame Pflanze, welche unter Wasser die Photosynthese durchführt. Sie ist Lebensraum für viele Tierarten.

**Feigenkaktus mit Früchten**

**Blüte des Schilfrohrs**

**Bartnelke vom Cabo de Gata**

**Meerlilie**

## FAUNA

Die Wasser- und Meeresfauna ist sehr artenreich. Die meisten Arten finden wir in **Las Salinas** (den Salinen) und an der Küste, wobei die Vögel eine der schönsten Tiergruppen in diesem Gebiet sind. Sehr viele dieser Vögel sind sesshaft und nisten hier, andere wiederum überwintern oder verbringen hier den Sommer, und auch Wandervögel verweilen für eine kurze Zeit während ihrer Wanderzüge. Man hat ungefähr hundertundfünfzig Vogelarten in den Salinen und ihrer Umgebung registrieren können.

Die Hauptdarsteller der Wintermonate sind die Wasservögel, Alpenstrandläufer, Rotschenkel, Brachvögel, Säbelschnäbler und Uferschnepfen unter anderen. Einige Entenvögel wie die Taucher, Stockenten, Löffelenten, Pfeifenten, Tafelenten und Kolbenenten können in **Las Salinas** beobachtet werden.

Im Frühjahr sind die Tümpel voller Seeschwalben, Zwergseeschwalben, Lachmöwen und Silbermöwen. Andere Arten wie die Schafstelze bewegen sich durch die Vegetation am Rande der Salinen.

Der Flamingo mit seiner schlanken und eleganten Figur ist der auffallendste Stelzvogel. Seine besonderen Kennzeichen sind das rötliche Federkleid und die Größe des Schnabels. Die Anzahl der Vögel ändert sich je nach Jahreszeit, da sie nach dem Sommer normaler-

weise davon fliegen. Eine Gruppe fliegender Flamingos ist eines der ergreifendsten Naturschauspiele in dieser Region.

Arten wie der Mittelmeersteinschmätzer, der Trauersteinschmetzer, der Wüstengimpel, der Triel, die Zwergtrappe, die Stummellerche, das Sandflughuhn und die seltsame Dupont-Lerche bewohnen die trockeneren Zonen des Parks, und viele andere Vogelarten, unter denen besonders der Habichtsadler auffällt, die vulkanischen Gebirgszüge.

Reptilien, Amphibien und Säugetiere spielen in der Nahrungskette ebenfalls eine wichtige Rolle, die Europäische Eidechsennatter, die Treppennatter, die Perleidechse und die Stülpnasenotter unter anderen, die Erdkröte und die Kreuzkröte, Igel, Kaninchen und Füchse können bei Sonnenuntergang beobachtet werden.

Besonders erwähnenswert ist die Meeresfauna, die an diesem Küstenstrich sehr schön erhalten ist. Am interessantesten sind die felsigen Meeresgründe, dort sehen wir Fische, Weichtiere, Ringelwürmer, Bauchfüßler, zweischalige Muscheln, Krustentiere, Stachelhäuter und Reptilien, Vögel und Säugetiere, die hier den idealen Ort zur Fortpflanzung gefunden haben. Deshalb wurden hier sieben Zonen innerhalb des geschützten Küstenstrichs zum Wasserschutzgebiet erklärt.

**Flamingo**

**Tintenfisch und Seestern**

**Dupont-Lerche und Nest des Trauersteinschmetzers**

Puebla de Don Fadrique
PARQUE NATURAL SIERRA DE MARÍA-LOS VÉLEZ
8
María
Vélez Blanco
Vélez Rubio
Chirivel
Oria
Huercal-Overa
Serón
Fines
Cantoria
Arboleas
Tíjola
Purchena
Zúrgena
Cuevas de Almanzora
Antas
Lubrín
PARQUE NATURAL KARTS EN YESOS DE SORBAS
Los Gallardos
Turre
Mojácar
Sorbas
6
7
3
PARQUE NATURAL SIERRA NEVADA
Tabernas
Ugíjar
Laujar de Andarax
Canjáyar
2
Carboneras
Alhama de Almería
Gádor
Rioja
Níjar
Benahadux
Pechina
Viator
Berja
Vícar
Dalías
ALMERÍA
PARQUE NATURAL CABO DE GATA-NÍJAR
Adra
5
4
El Ejido
Roquetas de Mar
1

# GESCHÜTZTE NATURPARKS IN ALMERÍA

1. **NATURPARK PUNTA ENTINAS-SABINAR**
2. **NATURPARK DESIERTO DE TABERNAS**
3. **NATURPARK SIERRA ALHAMILLA**
4. **LANDSCHAFTSSCHUTZGEBIET ALBUFERA DE ADRA**
5. **VOGELSCHUTZGEBIET CAÑADA DE LAS NORIAS**
6. **NATURPARK KARST EN YESOS DE SORBAS**
7. **NATURPARK SIERRA NEVADA**
8. **NATURPARK SIERRA DE MARÍA-LOS VÉLEZ**

Die Provinz von Almería ist ein Gebiet, das sehr stark von der Wüstenbildung, Umweltproblemen und einer zunehmenden Verunstaltung der Landschaft bedroht ist. Trotzdem schaffte man es, einige der aufgrund ihres wissenschaftlichen, kulturellen, freizeitlichen, landschaftlichen und sozioökonomischen Interesses repräsentativsten Zonen zu erhalten.

Dieser Reiseführer ist eigentlich ausschließlich einem dieser Naturparks gewidmet, nämlich dem Park Cabo de Gata-Níjar, dennoch kann man von hier aus leicht die anderen, nahe gelegenen Parks erreichen. Deshalb schließen wir eine kurze Beschreibung aller Naturschutzgebiete der Provinz Almería ein.

## 1 NATURPARK PUNTA ENTINAS-SABINAR

Dieses Gebiet mit salzhaltigem Marschland und Dickicht zwischen **El Ejido** und **Roquetas de Mar** besitzt eine reiche Flora und Fauna. Die zahlreichen Tümpel bieten Lebensraum für viele Wasservögel, darunter die Flamingos, die auf dem Foto abgebildet sind.

## 2 NATURPARK DESIERTO DE TABERNAS

Die Schönheit der Wüste. Überraschende Formen, trockene Erde, kleine Palmenhaine, die wie Oasen in der Landschaft auftauchen und Dörfer, die wie im Wilden Westen aussehen. Schon lange hat die Filmindustrie diese Landschaft für sich entdeckt, dort werden die Außenaufnahmen für Wildwestfilme gedreht.

## ❸ NATURPARK SIERRA ALHAMILLA

In diesem Gebiet, das im Süden von den Feldern **Níjars** begrenzt wird, befindet sich die Aue des Flusses **Andarex**. Dort gibt es einen großen Steineichenwald, es wurde auch mit Pinien und Espartogras wieder aufgeforstet und einige Höfe bilden einen Kontrast inmitten der landschaftlichen Schönheit.

## 4 LANDSCHAFTSSCHUTZGEBIET ALBUFERA DE ADRA

Das Gemeindegebiet von **Adra** ist voller Teiche und Tümpel, in denen eine Vielzahl von Wasservögeln leben. Leider wurde durch die Errichtung von zahlreichen Treibhäusern die Landschaft in der Umgebung stark verunstaltet.

## ⑤ VOGELSCHUTZGEBIET CAÑADA DE LAS NORIAS

Dieser Park ist ein anderes, wichtiges Vogelschutzgebiet in der Region, voller dicht bewachsener Teiche und Salzwasserlagunen, in denen zahlreiche Zugvögel im Winter nisten.

**Führungen:**
**Natur Sport Sorbas**
**Tel. 950 36 47 04**

## 6 NATURPARK KARST EN YESOS DE SORBAS

Dieses Gebiet zeichnet sich vor allem durch seine Höhlen aus, aber auch die überirdische Landschaft ist von großer botanischer und geologischer Schönheit. Es handelt sich um einen schönen Karst, durchzogen von zahlreichen Gipssteinen, die Höhlen, Schluchten, Wassergruben und Teiche bilden, aus denen stellenweise kleine Oasen aus Sumpfpflanzen herauswachsen, welche die kalkartige Trockenheit des Gebietes unterbrechen. Die gesamte Region wird durch den Verlauf des Flusses **Rio Aguas** und seiner Ausläufer bestimmt. Der schönste Teil des Parks sind die Höhlen Cuevas de Sorbas, und vor allem die **Cueva del Yeso**.

Das Dorf **Sorbas** wurde von den Iberiern gegründet. Seine Häuser hängen über einem Mäander des Flusses und wir finden die Ruinen einer alten, arabischen Burg.

## 7 NATURPARK SIERRA NEVADA

In dem zu Almería gehörendem Ausläufer findet der Besucher eine Landschaft, die sich sehr vom Rest der Provinz unterscheidet. Hier lernt er einen neuen Landstrich kennen, **La Alpujarra**, in dem sich die Traditionen und überlieferten Strukturen bis heute erhalten haben.

In den Grenzgebieten des Parks befinden sich Orte wie **Laujar de Andarax**, **Paterna** oder **Bayárcal** (oberes Foto), die sich harmonisch mit ihren engen Gassen und weiß gekalkten Wänden, kleinen Fenstern und Flachdächern in die Berglandschaft einfügen. Im Inneren der Häuser ist das auffallendste und wichtigste Element der Schornstein, der angesichts der kalten Winter unentbehrlich ist. Der Überfluss an Wasser, die Artenvielfalt der Wälder und anderer Vegetationsgebiete und die reiche Fauna, deren wichtigsten Vertreter der Iberiensteinbock (*cabra hispánica*), das Wildschwein und die Wildkatze sind, machen diesen Naturpark zu einem wahren Paradies.

## 8 NATURPARK SIERRA DE MARÍA-LOS VÉLEZ

Die auffallende Schönheit der Sierra María, voller rauher Abhänge, grüner Wälder und weiter Feldern, beeindruckt den Reisenden, der diese Landschaft zum ersten Mal erblickt, und lässt ihn immer wieder gerne zurück kommen.

In diesem Gebiet befinden sich auch die Berge **El Gigante** und **El Pericay**, die zusammen mit der Sierra María einen Teil der Markgrafschaft der Vélez bilden, in der sich vor allem die Gemeinden **María**, **Vélez Rubio** und **Vélez Blanco** herausheben. Die letztgenannte Gemeinde befindet sich auf einer Höhe von 1500 m und besitzt ein Schloss aus dem 17. Jahrhundert. Von dessen Zinnen aus genießt der Besucher einen wundervollen Rundblick auf das Tal des Flusses **Claro**.

Vélez Rubio hat eine architektonisch sehr wertvolle **Altstadt**, in der sich die Kirche **Iglesia de la Encarnación** und das Rathaus hervorheben.

Fest am Meer zu Ehren der Virgen del Carmen in Isleta del Moro

# VOLKSFESTE

Die meisten werden im Sommer gefeiert, wenn es auch das ganze Jahr über *Romerías* (Volksfest zu Ehren der Schutzheiligen) und andere Feste gibt. Diese Feste haben meist einen sehr religiösen und volkstümlichen Charakter.

**Die Johannisnacht** wird in fast allen Dörfern mit den traditionellen Johannisfeuern gefeiert. Diese Sitte scheint auf Siedler anderer Regionen wie zum Beispiel die Valenzianer zurückzugehen.

Auch am **Tag des Heiligen Antón** werden Feuer angezündet, vor allem von den Menschen, die Tiere halten, denn es heißt, diese werden dadurch besonders beschützt. Es wird hausgemachter Apfelwein getrunken und Brotwürfel um das Lagerfeuer geröstet oder Popcorn gemacht.

Auch der Flamencogesang ist in dieser Erde verwurzelt, er wurde wohl von reisenden, andalusischen Zigeunern hierher gebracht. Es ist nicht schwierig, jemanden zu finden, der etwas vorträgt.

In **Níjar** ist der *Fandango* am beliebtesten, der von den sogenannten *Refajonas*, Frauen in typischer Tracht, getanzt wird. Die Tracht der Frauen in Níjar ist schön und anmutig, zusammen mit dem Haarknoten und Haarkamm erhöht sie die Ästhetik des Festes.

**Die Osterwoche** blickt hier auf eine lange Tradition zurück.

## FESTE

**Agua Amarga** Das Fest dieses Ortes zu Ehren des Heiligen *Santiago Apóstol* findet vom 24. bis 26. Juli statt. Wie in den anderen Dörfern findet abends auf dem Platz eine Tanzveranstaltung statt.

**Campohermoso** Während der ersten Augustwoche, *Feria de la Virgen de Agosto.*

**Carboneras** Der Schutzheilige des Ortes ist *San Antonio de Padua* und dessen Festlichkeiten finden vom 12. bis 14. Juni statt. Es herrscht sehr viel Stimmung auf diesem Volksfest. Am 14. und 15. August wird *La Fiesta del Pescador* (Fest des Fischers) gefeiert.

**El Argamasón** Ein sehr beliebtes Fest, zu Ehren *Virgen de la Cabeza* am 8. September.

**El Pozo de los Frailes** Zu Ehren der Jungfrau *Virgen del Carmen*. Dieses Fest ist besonders volkstümlich, es findet eine Prozession durch die Straßen des Dorfes statt. Das Fest wird vom 14. bis zum 16. Juli gefeiert.

**Fernán Pérez** Die Festlichkeiten in diesem Dorf finden vom 18. bis zum 21. Mai zu Ehren von *San Fernando* statt. Die Stimmung ist gemütlich und volkstümlich.

**Huebro** Am ersten Sonntag im Oktober wird hier die Romería für die Jungfrau *Virgen del Rosario* gefeiert. Es ist Tradition, zu diesem Fest von Níjar aus zu Fuß zu gehen.

**Isleta del Moro** Zur gleichen Zeit, vom 14. bis 16. Juli das Fest, das ebenfalls zu Ehren der *Virgen del Carmen* stattfindet. Messe am Ufer des Meeres und Pilgerfahrt im Boot. Die festliche Stimmung hält bis zum Morgengrauen an.

**Volkstümliche Weihnachtsfeier in Pozo de los Frailes**

**Las Negras** *Fiesta de San Antón* am 16. Januar, nachts werden Feuerstellen angezündet (auch in anderen Orten der Region), und das Fest Mariä Himmelfahrt vom 14. bis zum 15. August. Dieses Volksfest wird von vielen jungen Leuten besucht, nachts herrscht eine sehr ausgelassene Stimmung.
**Los Albaricoques** Zu Ehren der Jungfrau *Virgen del Mar* finden am 15. August die Feierlichkeiten statt.
**Níjar** Am 16. Januar findet das beliebteste Fest dieses Ortes statt, *Los Chisperos*, die man sich besser von einem Balkon aus ansehen sollte. Am 20. Januar findet das Fest des Schutzpatrons, des Heiligen *San Sebastian* statt. Die *Feria de Otoño* wird vom 20. bis zum 25. September abgehalten, es gibt Volkstanz und Folklore.
**Pujaire** Vom 12. bis zum 14. Juni wird das Fest zu Ehren des Heiligen *San Antonio de Padua* abgehalten.
**Rodalquilar** *Fest des Touristen*. Am 29. Juli wird ein Fest gefeiert, das lange in Vergessenheit geraten war.
**Ruescas** Festlichkeiten zu Ehren des Heiligen *San Guillermo* vom 1. bis 3. Juli.
**San José** Auch hier wird am ersten Augustwochenende das Fest des Touristen gefeiert, das stark besucht wird.
**San Miguel de Cabo de Gata** Die Festlichkeiten finden vom 14. bis zum 16. August zu Ehren der *Virgen del Mar* statt. Ein wunderschönes Schauspiel ist die Prozession auf dem Meer.
**Torre García** Am ersten Sonntag im Januar findet die bekannte Pilgerfahrt von Almería bis zum Strand statt, bei der die Schutzheilige, die *Virgen del Mar* (Jungfrau des Meeres), getragen wird, die der Legende nach hier erschien. In der Wallfahrtskapelle wird ein Messe abgehalten und es werden Volkstänze getanzt.

# KUNSTHANDWERK

## KUNSTHANDWERKLICHE PRODUKTE

Der wichtigste Ort für das Kunsthandwerk ist Níjar. Keramik, *Harapas* (typische Webarbeiten) und Spartgras (letzteres immer weniger), diese Produkte werden mit Techniken gearbeitet, die den arabischen sehr ähneln.

In der Töpferkunst von Níjar werden fast immer Materialien aus der Region verwendet und die traditionelle Töpferscheibe und Öfen arabischen Ursprungs benutzt. Die Keramik wirkt sehr lebendig und unterscheidet sich deutlich von anderen Keramiken. Einige der Kunsthandwerker stellen auch Stücke in modernerem Design und Farben her.

**Kunsthandwerklicher Webstuhl für *Harapas* in Níjar**

Zur Herstellung der *Harapas* auf den Webstühlen wird heutzutage das Material (Lappen) von anderswo gebracht, aber sie werden auf dem Webstuhl hergestellt. Es gibt traditionelle und modernere Muster.

Dies ist ein Handwerk, das innerhalb der Familien von den Eltern zu den Kindern vererbt wurde. Die *Harapas* und Decken, die in den Straßen von Níjar hängen, lassen den Ort warm und farbenfroh wirken. Sie sind auch sehr preisgünstig. Das Kunsthandwerk aus Spartgras gerät in der Region immer mehr in Vergessenheit.

Espadrilles, Körbe, Zubehör für Tiere und Teppiche aus Spartgras werden nicht mehr gebraucht. Sie sind heute eher Dekorations- als funktionale Objekte. Die Jugend wollte dieses schwierige Handwerk nicht mehr erlernen, deshalb sieht man nur noch ein paar alte Leute, die diese an der Sonne getrockneten Stränge knüpfen.

## KUNSTHANDWERK AUS NÍJAR

**Alfarería Góngora**. c/ Real de las Eras, 66. Tel. 950 36 03 81
**Alfarería J. Asensio**. Barriada de Huebro. Tel. 950 36 00 02
**Alfarería J. Ramón.** Avda. F. García Lorca, 56. Tel. 950 36 03 67
**Artesanía Ángeles López**. Avda. F. García Lorca, 69. Tel. 950 36 03 67
**Artesanía Ángeles Lores**. Avda. F. García Lorca, 35. Tel. 950 36 10 28
**Artesanía Atalaya**. Avda. F. García Lorca, 46. Tel. 950 36 00 59
**Artesanía Carmen Montoya**. c/ Iglesia, s/n. Tel. 950 36 01 73
**Artesanía Dolores Bautista**. Plaza del Mercado, 14. Tel. 950 36 02 01
**Artesanía Esther Pérez**. Avda. F. García Lorca, 16. Tel. 950 36 11 04

Typische Speisen

# GASTRONOMIE

## DIE KUNST DES GUTEN ESSENS

In der traditionellen **Küche in Níjar** basieren ein großer Teil der Gerichte auf Mehl, das auf verschiedene Weisen zubereitet wird und mit bunten, würzigen Suppen kombiniert wird (*Andrajos*, *Gurullos*, *Migas*, *Harina Torcía*, um einige dieser auf Mehleinlagen basierenden Gerichte zu nennen). *Migas* sind Krümel aus Brot oder Mais- oder Weizenmehl und werden normalerweise von Fleisch oder getrocknetem oder geräuchertem Fisch, Bohnen, Paprika etc. begleitet. Man sollte die Mischung verschiedener Geschmäcker unbedingt probieren.

Die Wildeintöpfe, die mit Rebhuhn, Kaninchen oder Hase und Knoblauch zubereitet werden, sind sehr schmackhaft. An Ostern wird im allgemeinen *Ajilimoje* zubereitet, ein köstliches Gericht, das wir uns nicht entgehen lassen sollten, ebenso wie *Pimentón* (Paprika). *Trigo* und *Gurullos* sind die Namen sehr beliebter und nährstoffreicher

Gerichte, die sehr viel Zutaten beinhalten. Sie werden auf Bestellung in vielen Restaurants im Park zubereitet.

Fisch wird auf sehr verschiedene Weise zubereitet, es gibt köstliche Grillplatten mit Fisch und Meeresfrüchten und die *Cuajadera*, das typische Fischgericht der Region, und zahlreiche Saucen. Auch frittierter Fisch ist sehr beliebt. Das *Caldo Quemao* sollten wir ebenfalls probieren, eine leckere Suppe, die mit frischem Fisch, Rochen oder Sardellen zubereitet wird.

Im Naturpark gibt es nicht viele Bäckereien, weil das Brot in den Dörfern ausgefahren wird. In **Níjar** wird sehr gutes Brot verschiedenen Typs gebacken. Auch das Angebot an süßen Backwaren ist köstlich und vielfältig. Wir finden Köstlichkeiten wie die *Torta de aceite* (Öltorte), *Chicharrones* (Schweinespeck) und Feigenbrot. Die *Talvinas* sind eine für Almería typische Backware, sie werden aus Teigmasse, Zucker, Mandeln und frittierten Brotstückchen hergestellt. In der Weihnachtszeit werden die typischen Weihnachtssüßigkeiten hergestellt, die auf Teig, *Cabello de ángel* (Bergamottpomeranzensyrup) und Früchten basieren. Auch konfittierte Früchte und hausgemachte *Mantecados* (Gebäck aus Schweinefett) und verschiedenen Arten von *Rosquillos* (Kringel) wie Anis, Wein und Orange werden hergestellt.

Es gibt einen angenehmen Wein aus der Region in **Lucainena de las Torres**, dort gibt es einen Weinkeller.

## AGUA AMARGA

**Restaurante Playa**
Mediterrane Küche.
Tel. 950 13 81 67

**Restaurante La Palmera**
Am Strand. Spezialität: *Paella* und regionale Küche.
Tel. 950 13 82 08

**Restaurante La Chumbera**
Straße nach Carboneras. Internationale Küche.
Tel. 950 16 83 21

**Restaurante Pub El Pozo**
Spezialitäten: Fisch-und Nudelgerichte. Bar nachts geöffnet.
Tel. 950 13 82 06

**Restaurante Los Tarahis**
*Paella* und Fischgerichte.
Tel. 950 13 82 35

**Restaurante Costamarga**
*Paellas*, Salate und frischer Fisch. Tel. 950 13 80 35

**Restaurante René y Michele**
Französische Küche.
Tel. 950 13 80 14

**Restaurante Ajoblanco**
Fischgerichte.
Tel. 950 13 82 27

## ALMADRABA DE MONTELEVA

**Chiringuito El Parque**
Auf Bestellung mediterrane Küche.
Tel. 950 37 00 75

**Restaurante Morales**
Direkt am Meer. Viel Auswahl an Gerichten und *Tapas*.
Tel. 950 37 01 03

**Restaurante Almadraba**
Frischer Fisch.
Tel. 950 37 00 00

## EL POZO DE LOS FRAILES

**Bar León**
Verschiedene *Tapas*.
Tel. 950 38 01 96

**Bar Diegos**
Verschiedene *Tapas a la plancha*.
Tel. 950 38 02 94

**Restaurante Gallineta**
Sehr schick.
Tel. 950 38 05 01

## LA ISLETA DEL MORO

**Restaurante La Ola**
Spezialität: frischer Fisch, *Paella* und viel Auswahl an *Tapas*. Tel. 950 38 97 58

**Bar La Marina**
Fisch und *Paellas*.
Tel. 950 38 97 57

**Restaurante La Isleta**
Fisch und *Paellas*.
Tel. 950 38 97 13

**Casa-Café Cortijo la Loma**
Vegetarisches Essen.
Tel. 950 52 52 11

## LAS NEGRAS

**Bar Mantecas**
Am Paseo marítimo.
Spezialität: *Paellas*.
Tel. 950 38 80 87

**Restaurante La Palma**
Spezialität: Fisch und Meeresfrüchte.
Tel. 950 38 80 42

**Bar Torreoyo**
Verschiedene *Tapas*.
Tel. 950 38 80 66

**Bar La Pequeña**
Viel Auswahl an *Tapas*.

## LOS ESCULLOS

**Restaurante Casa Emilio**
Angenehme Terrasse.
Spezialität: Frischer Fisch.
Tel. 950 38 97 32

**Restaurante Los Escullos (Casa Pedro)**
Großes Angebot an Gerichten.
Tel. 950 38 97 33

## NÍJAR

**Restaurante Asensio**
Tel. 950 36 10 56

**Restaurante Casa Pedro**
Mediterrane Küche.
Tel. 950 36 11 09

**Pizzería El Mirador**
Auf Stein gebackene *Pizzas*.
Tel. 950 36 02 68

**Bar Gigante**
*Tapas* und kombinierte Gerichte.

**Café-bar La Unión**
Viel Auswahl an Aperitifs.
Tel. 950 36 00 63

## LOS ALBARICOQUES

**Restaurante Alba**
Viel Auswahl an *Tapas*.
Tel. 950 52 52 72

## PUJAIRE

**Restaurante Alameda**
Kaninchen in Knoblauchsauce, Reisgerichte, Fleischgerichte.
Tel. 950 37 11 10

## RODALQUILAR

**El Barecillo**
*Tapas* und größere Portionen. Tel. 950 38 98 13
**Bar La Tasquilla**
*Tapas* und größere Portionen.
Tel. 950 38 97 51
**Bar Fidel**
*Tapas* und Mojitos Cubanos

## RUESCAS

**Restaurante Casa Blas**
Fleisch vom Grill und viel Auswahl an Fisch.
Tel. 950 37 00 39

## SAN JOSÉ

**Restaurante El Borany (Hotel San José)**
Einfache Küche über dem Meer.
Tel. 950 38 01 16
**Restaurante Cala Chica**
Im Hafen. Spezialität: Fischgerichte und Hausmannskost.
Tel. 950 38 05 00
**Restaurante El Sotillo**
An der Zufahrt zum Dorf. Restauriertes Gehöft. Traditionelle Küche.
Tel. 950 38 02 16
**Restaurante La Cueva**
*Paella* und Fischgerichte.
Tel. 950 38 01 54
**Bar-Restaurante El Emigrante**
Viel Auwahl an frischem Fisch. Menüs.
Tel. 950 38 01 14
**Restaurante El Tempranillo**
Im Hafen. Große Auswahl an Fleisch- und Fischgerichten.
Tel. 950 38 02 06
**Pizzería Il Brigantino**
Puerto de San José.
*Pizza* und Nudelgerichte.
Tel. 950 38 00 81
**Pizzería El Jardín**
Puerto San José.
*Pizzas* und Salate.
Tel. 950 38 00 17
**Casa Sebastián**
Spezialitäten: *Paella* und frischer Fisch.
Nur während der Saison geöffnet.
Tel. 950 38 00 50
**Restaurante Carolina y Vanessa**
Verschiedene Gerichte.
Tel. 950 38 01 94
**Local 12**
Puerto de San José.
Spezialitäten: Fisch-und Reisgerichte.
Tel. 950 38 00 93
**Casa Pepe**
Terrasse über dem Meer.
Spezialität: Fisch.
Tel. 950 38 01 45
**Restaurante Taberna El Puerto**
Fisch. Tel. 950 38 00 42
**Román Garrido**
Fleisch und Fisch.
Tel. 950 38 02 20

## SAN MIGUEL DE CABO DE GATA

**Bar-Restaurante Blanca Brisa**
*Paella* und Fischgerichte.
Tel. 950 37 00 01
**Bar-Restaurante Mediterráneo**
Frischer Fisch, *Paellas* und *Migas*.
Tel. 950 37 11 37
**Restaurante El Naranjero**
Verschiedene Gerichte.
Tel. 950 37 01 11
**Chiringuito La Goleta**
Grillplatten, *paellas*.

# UNTERKUNFT

## HOTELS, APARTMENTS UND ZU VERMIETENDE HÄUSER

Die Auswahl ist sehr groß und es ist für jeden Geschmack und Geldbeutel etwas dabei.

Nähere Auskunft gibt das Informationsbüro Oficina del Parque in San José oder jegliche Touristeninformation im Park.

### SAN JOSÉ

**Hotel Agadés**
Tel. 950 38 03 90
**Hotel El Sotillo**
Tel. 950 61 11 00
**Hotel San José**
Tel. 950 61 11 11
**Hostal Aloha**
Tel. 950 38 04 61
**Hostal Brisamar**
Tel. 950 38 04 31
**Hostal Costa Rica**
Tel. 950 38 01 03
**Hostal El Dorado**
Tel. 950 38 01 18
**Hostal Las Gaviotas**
Tel. 950 38 00 10
**Hostal Las Olas**
Tel. 950 38 01 94
**Hostal Puerto Genovés**
Tel. 950 38 03 20
**Hostal Sol Bahía**
Tel. 950 38 03 06
**Aparthotel Samu**
Tel. 950 38 01 73
**Aparthotel Tres Pinos**
Tel. 950 38 02 12
**Aparthotel Vistamar**
Tel. 950 61 10 90
**Appartaments Molincar**
Tel. 950 38 00 19
**Appartaments Playa Azul**
Tel. 950 38 01 44

### AGUA AMARGA

**Hotel Las Calas**
Tel. 950 13 80 16
**Hotel Mikasa**
Tel. 950 13 80 73
**Hotel Tio Kiko**
Tel. 950 13 80 80
**Hostal Family**
Tel. 950 13 80 14
**Hostal La Palmera**
Tel. 950 13 82 08
**Appartaments Caparrós**
Tel. 950 13 82 46
**Casa Mortero**
Tel. 950 13 80 22
**Cortijo Los Malenos**
Tel. 618 28 62 60

### LOS ESCULLOS

**Hotel Los Escullos**
Tel. 950 38 97 33
**Hostal Emilio**
Tel. 950 38 97 32
**Hostal Los Palmitos**
Tel. 950 38 00 94

### EL POZO DE LOS FRAILES

**Hostal Diego**
Tel. 950 38 04 55
**Appartaments La Noria**
Tel. 630 77 81 84

### SAN MIGUEL DE CABO DE GATA

**Hostal Blanca Brisa**
Tel. 950 37 00 01
**Hostal Las Dunas**
Tel. 950 37 00 72

### ALMADRABA DE MONTELEVA

**Hotel Las Salinas**
Tel. 950 37 01 03
**Appartaments Almadraba**
Tel. 950 37 00 00

### LAS NEGRAS

**Hotel Cala Chica**
Tel. 618 76 12 52
**Hostal Arrecife**
Tel. 950 38 81 40
**Appartaments Casa Tony**
Tel. 950 38 80 20
**Appartaments El Cacho**
Tel. 950 38 81 07
**Häuser und Appartments Las Rosas**
Tel. 950 38 80 66
**Appartments und Häuser**
Tel. 950 26 85 29
**Cortijo El Cuervo**
Tel. 629 36 37 08

### RODALQUILAR

**Hotel Los Patios**
Tel 950 52 51 37
**Hotel Rodalquilar**
Tel 950 38 98 38
**Appartements La Posidónia**
Tel. 950 38 97 53
**Casa Villacepillo**
Tel. 950 38 98 25

### LA ISLETA DEL MORO

**Hostal La Isleta**
Tel. 950 38 97 13
**Häuser**
**Cortijo La Loma**
Tel. 950 38 98 31

### NÍJAR

**Hotel Venta del Pobre**
Tel. 950 38 51 92
**Hostal Asensio**
Tel. 950 36 03 65
**Hostal Montes**
Tel. 950 36 01 57

### CARBONERAS

**Hotel El Dorado**
Tel. 950 45 40 50
**Hostal Las Palmas**
Tel. 950 45 43 06
**Hostal Miramar**
Tel. 950 45 41 12
**Hostal San Antonio**
Tel. 950 13 00 19

## FERIEN AUF DEM LANDE

**Casa Rural Concepción**
San José
Tel. 678 28 96 13
**La Almendra y El Gitano**
Agua Amarga
Tel. 678 50 29 11
**Cortijo La Joya**
Agua Amarga
Tel. 619 15 95 87
**Casa Ágave**
Pozo de los Frailes
Tel. 950 38 00 44
**Cortijo Torre Blanca**
Pozo de los Frailes
Tel. 950 61 10 86
**Casa Rural Nieves**
Boca de los Frailes
Tel. 950 52 51 48
**Casa Jacaranda**
Velez Blanco
Tel. 950 41 56 68
**El Serbal**
Velez Blanco
Tel. 950 41 12 71
**Casa Rural Alex**
Rodalquilar
Tel. 950 38 98 03

## HEBERGEN

**Albergue Juvenil San José**
200m vom Strand entfernt. Mit Blick aufs Meer. Fast das ganze Jahr geöffnet. Es gibt Zimmer für 2, 4, 6 und 8 Personen. Einrichtungen: Salon mit Fernseher, Terrassenbar, Kamin, etc.
Tel. 950 38 03 53

## CAMPINGPLÄTZE

**Camping Cabo de Gata**

Landstraße Cabo de Gata-Pujaire. Das ganze Jahr geöffnet. Sportanlagen und sanitäre Einrichtungen. Schwimmbad. Restaurant, nach Karte und Selbstbedienung.
Tel. 950 16 04 43.

**Camping Tau**

In San José, am Weg nach Cala Higuera. Typisches, andalusisches Gehöft. Von April bis Oktober geöffnet. Einrichtungen: Sportanlage, Parkplatz, Bar-Restaurant, schattenspendende Baumgruppen.
Tel. 950 38 01 66

**Camping Los Escullos**

Das ganze Jahr geöffnet. Einrichtungen: Sportanlagen und sanitäre Einrichtungen. Es gibt ein Restaurant, eine Gaststätte, einen Supermarkt und Bungalows. Dienstleistungen: Animation, Bewachung von Wohnwagen.
Tel. 950 38 98 11

**Camping Náutico La Caleta**

In der Nähe von Las Negras. Das ganze Jahr geöffnet. Einrichtungen: Restaurant, Supermarkt, Swimmingpool. Dienstleistungen: Wassersport.
Tel. 950 52 52 37

# AKTIVITÄTEN

## ROUTEN MIT FREMDENFÜHRER

Zu Fuß, im Wagen mit Allradantrieb, auf dem Fahrrad oder zu Pferd.

**Grupo J. 126**

Wandern, Fahrradausflüge, Naturkundeunterricht. www.cabodegata-nijar.com

Tel. 950 38 02 99

**Touristeninformation Rodalquilar**

Tel. 950 38 98 18

## ROUTEN AUF QUADS

**Abrucena aventura**

Nur im Sommer, ab Campingplatz.
Cabo de Gata.
Tel. 616 41 15 22 / 649 86 28 37

## REITAUSFLÜGE

**Cortijo El Sotillo**

Landstraße nach San José.
Ausreiten, Reitkurse.
Tel. 950 38 02 16

**Camping Los Escullos**

Ausreiten durch den Park,
Reitunterricht, Gruppenausflüge.
Tel. 950 38 98 11

## SCHIFFFAHRTEN

**Ocioymar S.L.**

Rundfahrten im Schiff, Kurse in Wassersportaktivitäten, Tauchausflüge und Materialverleih, Wasserski.
Sporthafen von San José.
Tel. 950 49 76 49 / 608 05 64 77

**El Cabo a fondo**

Routen im Zodiac.
Tel. 637 44 91 70

**Nautica Puerto San José**

Routen im Segelschiff.
Tel. 625 28 29 47 / 667 78 63 30

## TAUCHKURSE

Es werden Bootsausflüge zum Tauchen, für die Unterwasserfotografie und Videoaufnahmen unter Wasser angeboten.

**Tauchclub Almería**

In Campingplatz Los Escullos.
Tel. 608 33 93 20 / 606 44 68 89

**Tauchzentrum Alpha**

In San José.
Tel. 950 38 02 31

**Tauchzentrum Carboneras**

Carboneras.
Tel. 950 45 44 71

**Tauchclub Isub**

In San José.
Tel. 950 38 00 04

**Tauchzentrum La Isleta del Moro**

In La Isleta del Moro-Níjar.
Tel. 950 38 98 33

**Tauchzentrum Subparke**

In Rodalquilar-Níjar.
Tel. 950 38 97 87

**Tauchzentrum Las Negras**

In Campohermoso-Níjar.
Tel. 950 38 61 03

## WINDSURFING

San Miguel de Cabo de Gata ist der Treffpunkt für Windsurfer, und dort gibt es auch Windsurf-Unterricht.

**Eolo Windsurfing**

Tel. 950 26 17 35

## ALTERNATIVE ROUTEN UND TAUCHEN

Um die Umwelt zu erforschen, Aktivitäten zur Umwelterziehung in diesem Gebiet durchzuführen oder den Meeresgrund besser kennen zu lernen.

**Deportes Medialuna** Verleih von Fahrrädern, Kanus und Surfbrettern.
c/ del Puerto, s/n. San José.
Tel. 950 38 04 62.

**Besucherzentrum des Naturparks Cabo de Gata-Níjar** In einer besonders schönen Umgebung befindet sich das steppenartige Küstengebiet „Las Marinas Amoladeras", ein Naturschutzgebiet, das unter der Aufsicht des Ministeriums für Umweltschutz und der Spanischen, Ornithologischen Gesellschaft steht, da sich hier in der Nähe der *Rambla* de Morales ein wichtiger Lebensraum für Vögel befindet. Es gibt reichlich Plakate und Videos, auf denen die Merkmale der Geologie, Flora und Fauna des Naturparks und auch dessen Ethnologie erklärt werden. Es wird auch detailliert die Umgebung der Salinen und der Dünen aus Sedimentmaterial beschrieben.

Eine Aktivität des Zentrums verdient besondere Aufmerksamkeit, nämlich die ständige Ausstellung mit dem Titel „Der Park in der Kunst", in der verschiedene Künstler in verschiedenen Techniken den Naturpark darstellen.

Von diesem Besucherzentrum werden auch verschiedene Freizeitaktivitäten organisiert, verantwortlich dafür ist die **Gruppe J.126**. Sie bieten Naturführer an und Führungen durch den Park im Bus, Geländewagen, Mountainbike oder Wanderungen etc.
Öffnungszeiten: Ganzjährig geöffnet.
Tel. 950 38 02 99

**Ecoalmería**
Wandern, Naturkundeunterricht.
Tel. 609 53 73 42.

**Aula de naturaleza El Bujo**
Umwelterziehung, Sport- und Freizeitaktivitäten.
Tel. 950 38 98 25
Rodalquilar-Níjar.
www.ecoalmeria.com/bujoprincipal.htm

**Aula del mar El Corralete**
Zentrum für auf das Meer ausgerichtete Umwelterziehung.
Tel. 625 13 88 47
El Faro, s/n. Cabo de Gata.
www.ecoalmeria.com/aulamar.htm

Besucherzentrum Las Amoladeras

Der schöne Meeresgrund läd zum Tauchen ein

# DETAILLIERTE KARTE VON ALMERÍA

## ZEICHENERKLÄRUNG

- Leuchtturm
- Wachturm
- Panoramablick
- Handelshafen
- Sporthafen
- Fischerhafen
- Strände und Buchten
- Quelle
- Mühle
- Wallfahrtskirche
- Wasserrad
- Campingplätze
- Tankstelle
- Bergwerk
- Pferderennbahn
- Kein Durchgang
- Autobahn
- Bezirkliche Landstraße
- Landstraße des Kreises
- Asphaltierter Weg
- Nicht asphaltierter Weg
- Schmaler Weg, Pfad
- Schlucht, unterbrochener Wasserlauf
- Fahrradausflüge
- Wanderungen
- Ausflüge im Auto
- Informationsstelle
- Saisonal geöffnete Informationsstelle
- Römische Ruinen
- Höhlen

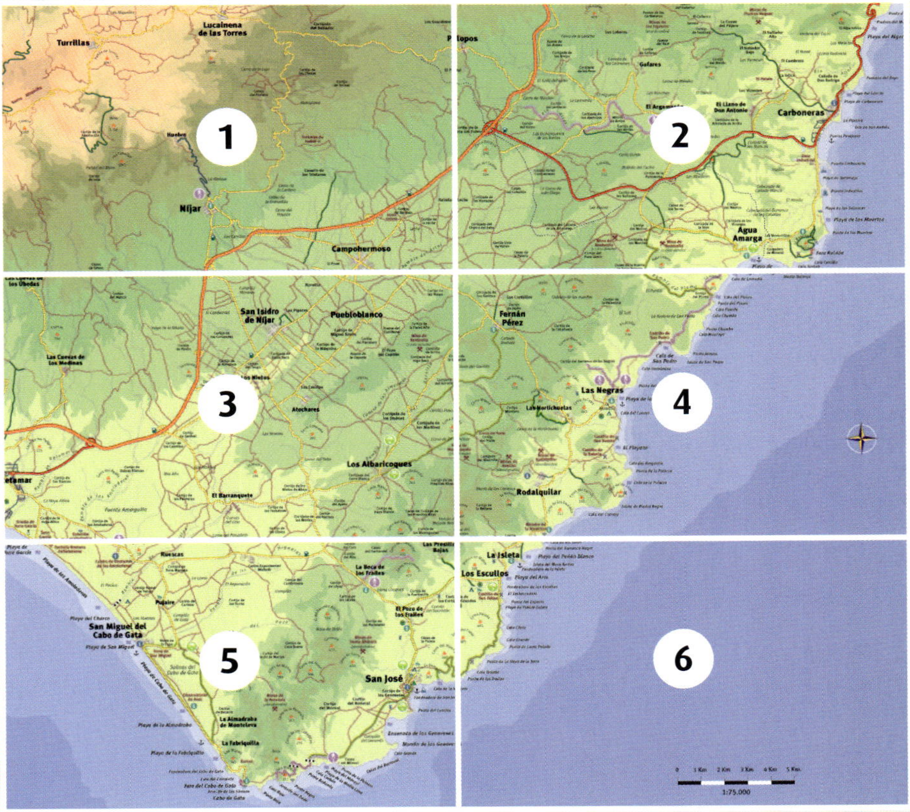
1
2
3
4
5
6
Turrillas
Lucainena de las Torres
Níjar
Campohermoso
Gafares
El Llano de Don Antonio
Carboneras
Agua Amarga
San Isidro de Níjar
Pueblobianco
Fernán Pérez
Las Cuevas de los Medinas
Atochares
Las Negras
Las Hortichuelas
Los Albaricoques
El Barranquete
Rodalquilar
Ruescas
La Boca de los Frailes
El Pozo de los Frailes
Pujaire
San Miguel del Cabo de Gata
San José
La Almadraba de Monteleva
La Fabriquilla
La Isleta
Los Escullos
1:75.000

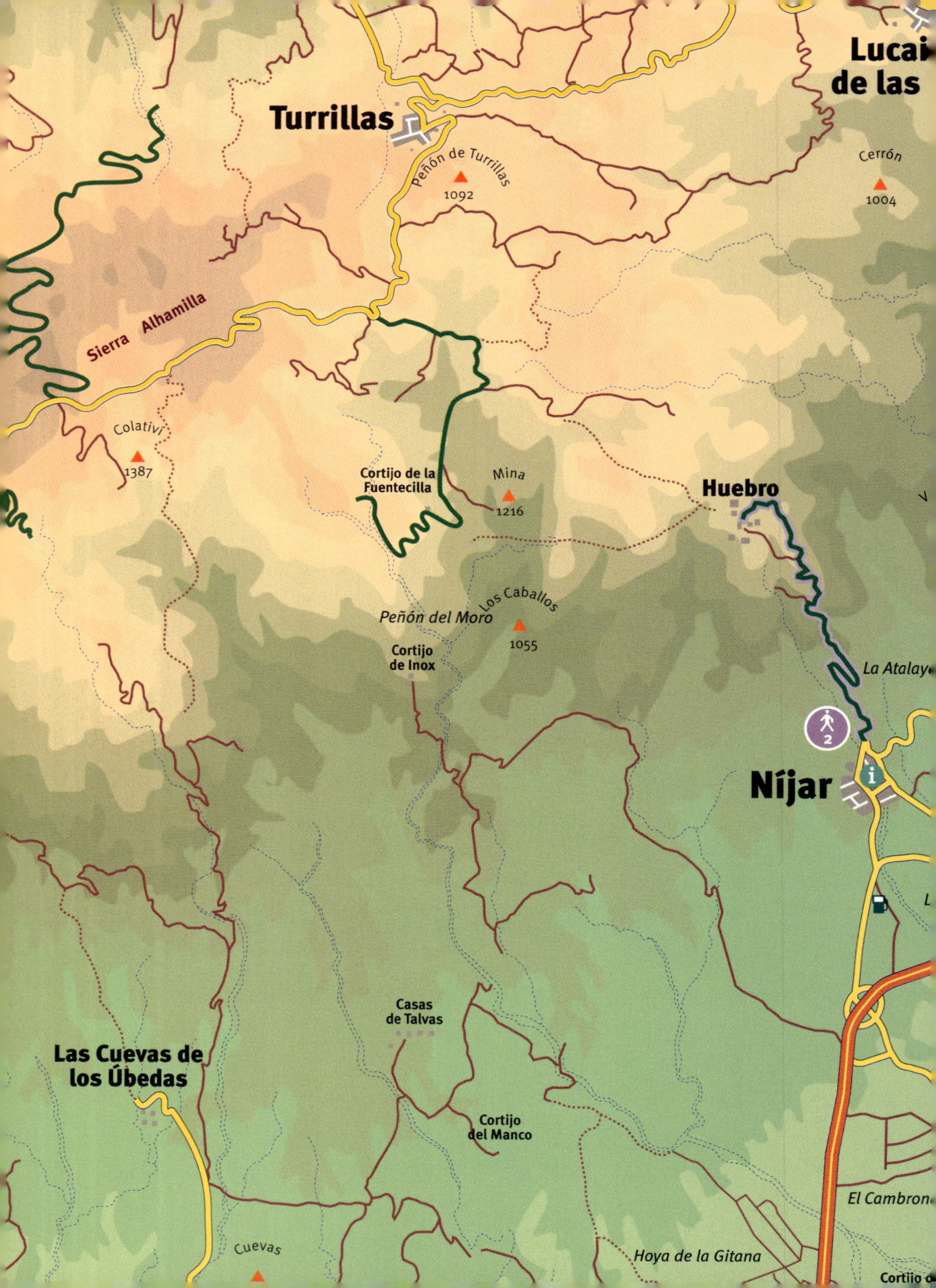

Turrillas
Lucai
de las
Peñón de Turrillas
1092
Cerrón
1004
Sierra Alhamilla
Colativí
1387
Cortijo de la
Fuentecilla
Mina
1216
Huebro
Los Caballos
Peñón del Moro
1055
Cortijo
de Inox
La Atalay
Níjar
Casas
de Talvas
Las Cuevas de
los Úbedas
Cortijo
del Manco
El Cambron
Cuevas
Hoya de la Gitana
Cortijo

Cortijada del Saltador
Los Guardianes
Polopos
El Puntal
o de la Laja
Cortijo de las Chozas
Cortijo de Terizas
Cortijo del Pintado
Valenciano
Cortijo de la Venta del Pobre
Embalse de Isabel II
Caserío de los Tristanes
Cerro de la Cantera
Cráter de la Granadilla
Cerro del Hoyazo
Saladar y Leche
Cortijo del Bermejo
Aljibe romano
Cortijo de la Leche
Leche
Campohermoso
El Povel
Rambla del Artal
Hornillo
Cortijo de las Rosas
an Isidro de Níjar
Los Pipaces
Puebloblanco
Fuente del Escribano
Cortijo de la Pared Alta

Polopos
Guardianes
El Puntal
Fuente de los Arejos
Cortijada de los Arejos
Cerro de la Lancha
Los Loberos
601
Fuente de la Carbonera
Minas los Figue
(abandona
Cortijo de Gafares
Gafares
Lomilla de las Colmenas
Cortijada de los Feos
El Salto del Lobo
El Higueral
Los Ranc
Cerro de Melchor
La Leonarda
Cortijo del Lentiscar
El Arg
Río Alías
Cortijada de los Alamillos
Molino de Arriba
Cortijo de las Norias
Molino de Aba
Cortijo de la Venta del Pobre
Cortijo del Humo
Las Barranqueras de las Norias
Cerro Gordo II
241
Cerro Gordo
Caballón
312
Majada del Curica
Cortijo de la Palmerosa
Cerro del Tesoro
224
Cortijo de las Contraviesas
Casas del Caballón
La Cueva de Juan Diego
Cortijo de los Balcanes
Saladar y Leche
Cortijada de las Herradas
Las Piezas
Cortijada del Charco del Lobo
Cortijada del Collado de los Albacetes
Cortijo del Molino
Mina de Bentonita
(a cielo abierto)
Cortijada de los Murcias
Artal
Cortijo Coto de Valles
Casas de la Peseta
Cortijo del Pozo Usero
Mata Lo
161
Casas de la Huerta de Agua Amarga
Jayón
352
Pozo Usero
339
Ram
El Puntal
Cortijada de los Garillos
Los Cortijillos
Collado de las Huertas
Cortijo de la Valentina
Cortijo de Jayón
Fernán Pérez
El Toril
La Rella
Ricardillo
Cortijo de
rtijo de s Rosas
5
4

Minas de Piedras Negras (ruinas)
El Cañarico
Serrata
La Cueva del Pájaro
Cortijo de Fazahalí
El Saltador Alto
Umbría del Cajón
El Algarrobico
Punta del Santo
Piedras del Molino
Playa del Algarrobico
422
Las Mesetas
El Saltador Bajo
El Ramé
Loma Redonda
Los Berneses
El Cumbrero
Cortijo del Bretón
Molata
352
Río Alías
La Islica
Cañada de Don Rodrigo
El Palaín
Puntazo del Rayo
ndez
El Trance
Los Vicentes
Playa del Lancón
Playa de Carboneras
El Llano de Don Antonio
Carboneras
Cortijada de la Arboleda de Arriba
Molino de las Cruces
La Puntica
Isla de San Andrés
Las Quebradas
Puerto Pesquero
Collado de los Mancos
Castillico
177
Zona Industrial
Puerto Carboneras
Trujillo
Los Rincones
Playa de Torrevieja
Cabezada de Cañada Blanca
Puerto Industrial
El Hondo
Cortijo del Médico
Cabezada del Barranco de los Caballos
Playa de las Salinicas
Playa de los Muertos
Cortijada de los Viruegas
Cortijada de la Joya
Agua Amarga
Los Ventorrillos
Punta de los Muertos
La Mesa de Roldán
222
Cargadero de Mineral
Faro Roldán
Cala Castillo
Cala Sorbas
Playa de Agua Amarga
Punta de la Media Naranja
La Higuera
Cala de Enmedio
103
Cortijo del Plomo
Cala del Plomo
Punta del Plomo
Cala Puente
Cala Chumba
Pedro

Cortijo del Manco
El Cambron
Cuevas
344
Hoya de la Gitana
Cortijo de los Cortiz
Cortijo de Pavón
Las Cuevas de los Medinas
Ventorrillo
142
Cortijo de las Canteras
El Viso
Cerro de los Peligros
115
Cortijo de Genival
Cortijo de los Castillos
Retamar
Rambla de Retamar
Cortijo de Balsas Blancas
Cerro del Águila
98
Los Marines
Mal Año
Cortijo de los Trancos
Rambla de las Amoladeras
Cortijo de las Palmeras
La Hoya Altica
Fuente Amarguilla
Cortijo de la Hoya Altica
Ermita de Torre García
Cortijo de las Amoladeras
Torre García
Estación ornitológica
Morales
Loma de
Playa de Torre García
Factoría Romana deSalazones
7
59
Ruescas
Rambla de Ruescas
Centro de Visitantes de las Amoladeras
Cortijos de Torre Marcelo
Playa de las Amoladeras
La Loma
El Pocico
Cortijo Nuevo de Terrón
Pujaire
Cortijo del Carmen
Rambla

Cortijo de
las Rosas
n Isidro
e Níjar
Los Pipaces
Puebloblanco
Cortijo de
Miguel Simón
Fuente del
Escribano
Cortijo de
la Pared Alta
Mina de
Bentonita
(a cielo abierto)
Cortijillo
de Arriba
Cortijo
del Parralero
Cortijo de
la Máquina
El Pozo
del Capitán
Cortijada de
Balsa Seca
Fuente de
la Cayuela
Cortijada del
Higo Seco
Cortijo de
la Marucha
Rellano del Gav
Tango
Nietos
Hornillo
Yeguas
362
Cortijada
del Hornillo
Las Casillas
Camino de los Almendros
del
Cerro B
Atochares
Cortijada de
los Jiménez
Cerrillo Pascual
Cortijada de
los Martínez
Loma Pelada
249
Cerro Colorado
269
Las Yeseras
Llano de Dª Francisca
6
Mina de
María Josefa
(abandonada)
Rambla
Loma del Tollo
Macho
194
Los Albaricoques
7
Cerro Redondo
345
Cortijada del
Cerro Blanco
Cortijo de las
Presillas Altas
Cortijo de los
Nietos de Abajo
Cerro Blanco
269
Cortijo
del Apero
Cortijo de
los Cazadores
Cortijo de
Haza Blanca
Peñones
488
Casas del Collado de
las Presillas Altas
Cortijada de
los Matías
Cortijo
del Herrero
Volcán de
Majada Redonda
Cortijo de
los Olivos
Cerro del Cura
213
Cerro del Ramillete
346
Cortijo de
los Berengueles
Hoya del
Paraíso
Higueras
Cortijo
del Cura
Casas
del Garbanzal
Cerro del Garbanzal
411
Las Presillas
Bajas
Cortijo
del Aire
entro Experimental
Michelin
Morrón de Ma
181
La Boca de
los Frailes
Cerro de Limones
411
Los Es
Cortijo del
Cambronero
Cortijo
de López
6
Campillo
Llano Limones
Cortijo de
la Fuentecilla
Cortijo de
los Láinez
Cortija
los Cortijos
Barranco del Inf
El Pozo de
Cuevas
del Sacristán
3

Puebloblanco
Cortijo de Jayón
Fernán Pérez
Cortijo de Miguel Simón
Fuente del Escribano
Cortijo de la Pared Alta
Mina de Bentonita
(a cielo abierto)
Cortijo del Parralero
Cañada Jiménez
El Pozo del Capitán
Fuente de la Cayuela
Cortijillo de Arriba
Cortijada del Higo Seco
Cortijo de la Marucha
Hornillo
Rellano del Gavilán
Yeguas
362
Cortijada del Hornillo
Cerro Gordo
321
Camino de los Almendros
Hortichuela
360
del
Cerro Blanco
Cerrillo Pascual
Cortijo Montano
Las Hortichu
4
Cortijada de los Jiménez
Loma Pelada
Cortijada de los Martínez
249
Cerro de la Hortichuela
Ermita del Fraile
Cortijo del Fraile
6
Llano de Dª Francisca
Rambla
Mina de María Josefa
(abandonada)
Minas de Rodalquilar
(abandonadas)
Cortijada del Madroñal
Minas de Avellón
(abandonadas)
Los Albaricoques
7
Cerro Redondo
Cortijada del Cerro Blanco
345
Cortijo de las Presillas Altas
Cerro Blanco
Morra de los Carreros
Rodalquilar
269
la Rellana
Cortijo del Apero
Cortijo de Haza Blanca
Peñones
Cortijo de la Rellana
398
Casas del Collado de las Presillas Altas
488
Volcán de Majada Redonda
Cerro del Ramillete
Cerro del Cura
Cortijo de los Berengueles
Hoya del Paraíso
Mirador de la Amatista
213
346
Cortijo del Paraiso
Cortijo del Cura
Cerro del Garbanzal
Las Presillas Bajas
Casas del Garbanzal
411
Cortijo del Aire
3
La Isleta
Playa del
Morrón de Mateo
Isleta del Moro
Fondeadero de la Islet
La Boca de los Frailes
Cerro de Limones
411
181
Los Escullos
Playa del Arco
Cortijo de López
6
Fondeadero de los Escullos
Llano Limones
3
Cortijo de la Fuentecilla
Castillo de San Felipe
El Embarcadero
Cortijo de los Laínez
Cortijada de los Cortijos Grandes
Punta del Esparto
Playa de Piedra Galera
El Pozo de los Frailes
Cuevas del Sacristán
Loma Pelada
Cortijo de los Herederos

la Valentina
El Toril
Ricardillo
309
La Rellana de San Pedro
Punta del Plomo
Cala Puente
Cala Chumba
Punta Chumba
Cala Montoya
Castillo de San Pedro
Cala de San Pedro
Punta Javana
Islote de San Pedro
ranco de las Negras
Cala Hernández
3
5
Punta del Cerro Negro
Las Negras
Playa de las Negras
l Aire
La Molatilla
Cala del Cuervo
Castillo de San Ramón
El Playazo
Castillo de la Bateria
Cala del Bergantín
Cerro del Romeral
192
Punta de la Polacra
Cala de la Polacra
Cerro de los Lobos
265
Cuervo
Islote de Piedra Negra
Cala del Carnaje
Negro
anco

Retamar
Rambla de
Cortijo de los Trancos
Cerro del Águila
98
Cortijo de Balsas Blancas
Rambla de las Amoladeras
Mal Año
Los Marines
La Hoya Altica
Fuente Amarguilla
Cortijo de las Palmeras
El Barranq
2
Ermita de Torre García
Cortijo de la Hoya Altica
Cortijo de las Amoladeras
Cuevas del Lino
Torre García
Estación ornitológica
7
Morales
Morales
Loma del Panad
Playa de Torre García
Factoría Romana deSalazones
59
Ruescas
Centro de Visitantes de las Amoladeras
de
Cortijos de Torre Marcelo
Playa de las Amoladeras
La Loma
El Pocico
Rambla
Cortijo Nuevo de Terrón
El Argamo
Pujaire
Cortijo del Carmen
Cortijo de los Torres
Rambla
Playa del Charco
Los Huertos
Campillo de Gata
San Miguel del Cabo de Gata
Venta de la Cepa
Rambla
5
Playa de San Miguel
Torre de San Miguel
Cortijada del Pozo del Cabo
Salinas del Cabo de Gata
Playa de Cabo de Gata
Cerro de las C
217
Observatorio de Aves
Cortijo de Becerra
La Almad de Monte
Playa de la Almadraba
La Fabri
San Miguel
Playa de la Fabriquilla
343
Fondeadero del Cabo de Gata
Cala del Corralete
Faro del Cabo de Gata
Arrecife de las Siren
Cabo de Gata

Loma del Tollo
Los Albaricoques
del Madroñal
Cortijada del Cerro Blanco
Cerro Redondo
345
Cortijo de las Presillas Altas
Cortijo de los Nietos de Abajo
Cerro Blanco
269
Morra de los Co
Cortijo del Apero
la Rellan
Cortijo de os Cazadores
Cortijo de Haza Blanca
Casas del Collado de las Presillas Altas
Peñones
488
Cortijo de la Rellana
398
Cortijada de los Matías
Cortijo del Herrero
Volcán de Majada Redonda
Cortijo de los Olivos
Cerro del Cura
213
Cerro del Ramillete
346
Cortijo de los Berengueles
Hoya del Paraíso
Cortijo del Cura
Casas del Garbanzal
Cerro del Garbanzal
411
Las Presillas Bajas
Higueras
Cortijo del Aire
La Is
Morrón de Mateo
181
La Boca de los Frailes
Cerro de Limones
411
Los Escullos
Cortijo del Cambronero
Cortijo de López
Llano Limones
Campillo
Cortijo de la Fuentecilla
Castillo de San Felipe
Cortijo de los Láinez
Cortijada de los Cortijos Grandes
C. del Barranco del Infierno
301
El Pozo de los Frailes
Cuevas del Sacristán
Loma Pelada
441
Pozo
Cortijo de los Herederos
Boca de Belda
Cerro del Fraile
493
Carneros
435
Minas de Santa Bárbara
(abandonadas)
Casas de la Palma
Cortijo de Casa Nueva
Cerro del Marchal
269
Cerro de Santa Cruz
432
Cerro del Pinar
366
Cerro de Martos
384
Punta de l
Cerro de Enmedio
167
Cala Tomate
Punta de los Frailes
San José
Cala de la Higuera
Cortijo de los Genoveses
Fondeadero de San José
Minas de a Venencia
abandonadas)
Cortijo del Romeral
Cortijo del Mónsul
Punta del Castillo
Cerro de la Revancha
363
Ensenada de los Genoveses
Campillo del Genovés
Cerro de las Cañadillas
255
Morrón de los Genoveses
Bujo
374
Cala Grande
Casas del Mónsul
Calas del Barronal
Vela Blanca
213
Playa del Mónsul
Punta de la Peineta
Playa de la Media Luna
Cala Carbón
Punta Redonda
Punta Negra
Arrecife del Ded
Cala Raja

Cerro Blanco
345
Cortijo de las Presillas Altas
Morra de los Carreros
Rodalquilar
Cerro Blanco
269
la Rellana
Cortijo de Haza Blanca
Peñones
Cortijo de la Rellana
398
Cerro de los Guardias
212
Casas del Collado de las Presillas Altas
488
Volcán de Majada Redonda
Cerro del Ramillete
Mirador de la Amatista
346
Cortijo de los Berengueles
Hoya del Paraíso
213
Cortijo del Paraiso
Cerro del Garbanzal
Las Presillas Bajas
Casas del Garbanzal
411
La Isleta
Morrón de Mateo
Playa del Peñón
La Boca de los Frailes
Cerro de Limones
181
Isleta del Moro Arráez
411
Fondeadero de la Isleta
Los Escullos
Playa del Arco
6
Llano Limones
3
Fondeadero de los Escullos
Cortijo de la Fuentecilla
Castillo de San Felipe
El Embarcadero
Cortijada de los Cortijos Grandes
Punta del Esparto
El Pozo de los Frailes
Cuevas del Sacristán
Playa de Piedra Galera
Loma Pelada
Cortijo de los Herederos
441
Cala Chica
Cerro del Fraile
Minas de Santa Bárbara (abandonadas)
Casas de la Palma
493
Cala Grande
Punta de Loma Pelada
Cerro del Marchal
269
Punta de La Hoya de la Torre
1
Cerro de Enmedio
Cala Tomate
167
San José
Punta de los Frailes
Cala de la Higuera
Cortijo de los Genoveses
Fondeadero de San José
Cortijo del Romeral
4
Punta del Castillo
Ensenada de los Genoveses
Campillo del Genovés
Morrón de los Genoveses
Cala Grande
Calas del Barronal

192
Cerro de los Lobos
265
Cala de la Polacra
Islote de Piedra Negra
Carnaje
0
1 Km
2 Km
3 Km
4 Km
5 Km.
1:75.000
6

# ADRESSEN

## ÖFFENTLICHE EINRICHTUNGEN UND DIENSTLEISTUNGEN

**Touristeninformation**
Tel. 950 27 43 55
**Umweltamt**
Tel. 950 27 70 12
**Tourismusverwaltung der Region**
Tel. 950 62 11 17
**Rathaus von Níjar**
Tel. 950 36 00 12
**Rathaus von Carboneras**
Tel. 950 45 42 38
**Polizei**
Tel. 092
**Guardia Civil**
Tel. 062
**Feuerwehr**
Tel. 080

## MÄRKTE

### Níjar
Mittwochs

### Carboneras
Donnerstags

### Campohermoso
Donnerstags

### Cabo de Gata
Samstags

### San José
Sonntags

### San Isidro
Sonntags

## MEDIZINISCHE HILFE

**Notfälle**
Tel. 061
**Rotes Kreuz**
Tel. 950 25 71 66
**Gesundheitszentrum Níjar**
Tel. 950 36 02 78
**Gesundheitszentrum San Isidro**
Tel. 950 36 65 06
**Gesundheitszentrum Campohermoso**
Tel. 950 38 67 98
**Gesundheitszentrum Carboneras**
Tel. 950 13 04 24
**Gesundheitszentrum San José**
Tel. 950 38 03 81
**Notarztwagen Alcazaba**
Tel. 950 25 57 30
**Notarztwagen Abraham**
Tel. 950 62 48 40

## APOTHEKEN

**Níjar**
Av. F. García Lorca, 56.
Tel. 950 36 02 00
**San José**
c/ Correos s/n.
Tel. 950 38 00 87
**San Isidro**
Landstraße Iryda, s/n.
Tel. 950 36 60 09
**Campohermoso**
Vía Iryda, s/n.
Tel. 950 38 53 58
**Carboneras**
c/ Sorbas, 61.
Tel. 950 13 00 11
**Cabo de Gata**
c/ Iglesia, 49.
Tel. 950 37 00 25

## VERKEHRSMITTEL

**RENFE (Eisenbahn)**
Tel. 950 25 11 35
**Omnibusbahnhof Almería**
Tel. 950 26 20 98
**Autovermietung**
Almericar (San José)
Tel. 950 23 49 66
**FunkTaxi**
RadioTaxi Almería
Tel. 950 22 61 61
Tele Taxi Almería
Tel. 950 25 11 11
Taxi San José
Tel. 608 05 62 55

## FLUGHAFEN ALMERÍA

**Information**
Tel. 902 40 47 04
www.aena.es
**Busse**
Tel. 950 62 47 35

# NATURPARK

**Informationszentrum Naturpark**
**Cabo de Gata-Níjar**
c/ Correo, 27
San José
Tel. 950 38 02 99
www.cabodegata-nijar.com
rutas@cabodegata-nijar.com

**Besucherzentrum Las Amoladeras**
Landstraße Almería-Cabo de Gata
Ruescas
Tel. 950 16 04 35
www.cabodegata-nijar.com

**Saisonal geöffnete informationsstellen**
**Las Sirenas**
Landstraße San Miguel de Cabo de Gata-Faro Cabo de Gata
**El Pozo de los Frailes**
Am Wasserrad Pozo de los Frailes
**Isleta del Moro**
Siedlungszentrum Isleta del Moro
**Amatista**
Landstraße AL-P826. Rodalquilar-Isleta del Moro
**Rodalquilar**
c/ Fundición, s/n
Tel. 950 38 98 20
**Los Muertos**
Landstraße AL-P712. Carboneras-Agua Amarga